INSTITUTION,

COMPOSITION ET ORGANISATION

DE LA HAUTE-COUR

DE JUSTICE.

DU HAUT-JURY, DES HAUTS-JUGES,

ACCUSATEURS NATIONAUX,

GREFFIERS, HUISSIERS, EMPLOYÉS;

DES INCULPÉS, PRÉVENUS, ACCUSÉS, CONDAMNÉS.

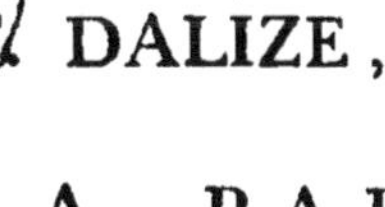

Par A. F. DALIZE, homme de loi.

A PARIS.

Chez
- L'AUTEUR, rue neuve du Luxembourg, n° 155, division de la place Vendôme;
- JOYAL, libraire, place du Carouzel, n. 4.
- HÉMOT, lib. rue Froid-manteau, n. 177.
- A. J. ROSNY, lib. rue neuve S. Roch.
- BOSCHER, lib. Cloître S. Benoît, n. 348.
- DENIS, rue Haute-Feuille, n. 21.

Et au Palais de Justice, dans la Grand'-Salle.

L'AN IV DE LA RÉPUBLIQUE FRANÇAISE.

AU CORPS LÉGISLATIF,

CONSEIL DES CINQ-CENTS.

LA législation, principalement le droit public, la philosophie, la raison, la justice et l'humanité réclament avec une égale satisfaction le superbe triomphe que vous venez de leur assurer dans votre discussion solennelle en tous points sur l'organisation de la Haute - Cour de Justice, et par votre résolution qui la couronne avec la sanction du Conseil des Anciens.

Leurs justes sollicitations, que je sens dans mon cœur, m'ont suggéré l'idée de publier ce triomphe, et l'ambition de vous en présenter l'hommage.

DALIZE, homme de Loi.

PLAN

DE CET OUVRAGE.

LA bonne foi et l'évidence forcent à convenir que la Haute-Cour de Justice n'a que très-peu de ressemblance avec les Hautes-Cours nationales créées par nos deux premieres constitutions de 1791 et de 1793 ; mais aussi elles obligent à reconnaître que, sous différens rapports, son institution y répond. Pourquoi hésiterait-on à cet aveu ? serait-ce parce que ces deux constitutions ont été faites pendant des regnes de despotisme et de tyrannie ? Les tems ne sont rien si les choses nous aident, comme nous le croyons, pour embrasser dans tout son ensemble la Haute-Cour de Justice, telle qu'elle doit être aujourd'hui. Ce serait une pusillanimité de ne pas rejeter loin de soi les idées de despotisme et de tyrannie, pour ne voir dans ce qui a été fait pendant leur durée que ce qui peut nous servir et nous plaire : dédaigne-t-on de trier des graines utiles par cela seul

A

qu'elles sont confondues dans une meule d'ivraie ? (1)

Puisque les deux constitutions de 1791 et de 1793 seront ici d'une certaine utilité dans quelques-unes de leurs dispositions, on en formera la premiere partie de cet ouvrage ; et par la même raison on y joindra quelques lois des mêmes tems, relatives à la Haute-Cour nationale d'alors ; et les dispositions les plus essentielles ici des lois sur les Jurys, sur les Jurés, et sur les tribunaux de cassation.

De là on passera à notre constitution actuelle, et ce sera la seconde partie.

Tout de suite on verra éclore les circonstances et la formation de notre Haute-Cour de Justice, tracée dans la savante discussion du Conseil des Cinq-cents, et sa proclamation ; ce sera la troisieme partie.

Les motifs et l'approbation du Conseil des Anciens formeront la quatrieme, et viendront completter l'ouvrage.

______

(1) Au surplus, si quelque lecteur a de la répugnance ou de l'insouciance pour cela, il pourra passer tout de suite à la seconde partie ; mais l'auteur a cru devoir présenter la source et la gradation des choses.

INSTITUTION,

COMPOSITION ET ORGANISATION

DE LA HAUTE-COUR

DE JUSTICE.

PREMIERE PARTIE.

§ 1. CONSTITUTION DE 1791.

Chapitre 5. Du pouvoir judiciaire.

ART. 23. ,, UNE Haute-Cour nationale formée de membres du Tribunal de cassation et de Hauts-Jurés, connaîtra des délits des ministres et agens principaux du pouvoir exécutif, et des crimes qui attaqueront la sureté générale de l'État, lorsque le Corps législatif aura rendu un décret d'accusation. ,,

,, Elle ne se rassemblera que sur la proclamation du Corps législatif, et à une distance de trente mille toises au moins du lieu où la Législature tiendra ses séances.

Art. 27. ,, Le ministre de la justice dénoncera au Tribunal de cassation. . . . . les actes par lesquels les Juges auraient excédé les bornes de leur pouvoir. ,,

,, Le Tribunal les annullera ; et s'ils donnent lieu à la forfaiture, le fait sera dénoncé au Corps législatif, qui rendra le décret d'accusation, s'il y a lieu, et renverra les prévenus devant la Haute-Cour nationale. ,,

§ 2. CONSTITUTION DE 1793.

ART. 9. ,, Le Peuple délegue à des électeurs le choix des administrateurs, des arbitres publics, des juges criminels et de cassation. ,,

71. ,, Les membres du Conseil exécutif, en cas de prévarication, sont accusés par le Corps législatif. ,,

96. ,, En matiere criminelle, nul citoyen ne peut être jugé que sur une accusation reçue par les Jurés, ou décrétée par le Corps législatif. ,,

,, Les accusés ont des conseils choisis par eux, ou nommés d'office. ,,

,, L'instruction est publique. ,,

,, Le fait et l'intention sont déclarés par un juré de jugement. ,,

,, La peine est appliquée par un tribunal criminel. ,,

97. ,, Les Juges criminels sont élus tous les ans par les Assemblées électorales. ,,

98. ,, Il y a pour toute la République un Tribunal de cassation. ,,

99. „Ce Tribunal ne connaît point du fond des affaires. „

„ Il prononce sur la violation des formes, et sur les contraventions expresses à la loi. „

100. „ Les membres dé ce Tribunal sont nommés tous les ans par les Assemblées électorales. „

Du conseil exécutif.

Titre 5 , sect. 1. — Art. 10. „ En cas de prévarication de leur part, (les ministres et agens) le Conseil doit les dénoncer au Corps législatif , qui décidera s'ils seront mis en jugement. „

24. „ En prononçant la mise en jugement, le Corps législatif déterminera s'il y a lieu de poursuivre la simple destitution ou la forfaiture. „

27. „ Si le Corps législatif ordonne la poursuite de la forfaiture, le rapport sur lequel le décret aura été rendu , et les pieces qui lui auront servi de base , seront remis à l'accusateur national dans le délai de vingt-quatre heures , et le Jury national d'accusation sera convoqué dans le même délai. „

Section 3. *De la justice criminelle.*

ART. 3. „ En matiere criminelle nul citoyen ne peut être jugé que par les Jurés, et la peine sera appliquée par les tribunaux criminels. „

4. „ Un premier Jury déclarera si l'accusation doit être admise ou rejetée. Le fait sera
reconnu et déclaré par le second Jury. „

5. „ L'accusé aura la faculté de récuser,
sans alléguer de motifs, le nombre de Jurés
déterminé par la loi. „

6. „ Les Jurés qui déclareront le fait, ne
pourront, en aucun cas, être au dessous du
nombre de douze. „

7. „ L'accusé choisira un conseil; s'il n'en
choisit pas, le tribunal lui en nommera un. „

8. „ Tout homme acquitté par un Jury ne
peut plus être repris ni accusé à raison du
même fait. „

9. „ Il y aura pour chaque tribunal criminel, un président, deux juges et un accusateur
public. Ces quatre officiers seront élus à tems
par le Peuple; ils seront renouvelés tous les
deux ans, mais ils pourront être réélus. „

10. „ Les fonctions de l'accusateur public
seront de dénoncer au directeur du Jury, soit
d'office, soit d'après les ordres qui lui seront
donnés par le Conseil exécutif, ou par le Corps
législatif. . . . . les attentats. . . . . „ •

Section 4. *Des Censeurs judiciaires.*

ART. 1. „ Il y aura des censeurs judiciaires
qui iront, à des époques fixes, prononcer dans
chaque chef-lieu de département de l'arron-
dissement qui sera désigné à cet effet :

„ Sur les demandes en cassation contre les

jugemens rendus par les tribunaux criminels et les Jurys civils ;

,, Ils casseront les jugemens dans lesquels les formes auront été violées , ou qui contiendront une contravention expresse à la loi. ,,

2. ,, Les censeurs seront nommés pour deux ans ; ils seront élus par les Assemblées primaires. . . . . . .

4. ,, Ils ne connaîtront point du fond des affaires ; mais , après avoir cassé le jugement, ils renverront le procès, soit au tribunal criminel, soit au Jury civil qui doit en connaître. ,,

5. ,, Lorsqu'après deux cassations , le jugement du troisieme tribunal criminel ou Jury civil sera attaqué par les mêmes moyens que les deux premiers, la question ne pourra plus être agitée devant les censeurs , sans avoir été soumise au Corps législatif , qui portera un décret déclaratoire de la loi, auquel les censeurs seront tenus de se conformer. ,,

6. ,, Les commissaires nationaux et les accusateurs publics pourront , sans préjudice du droit des parties intéressées , dénoncer aux censeurs les actes par lesquels les juges auraient excédé les bornes de leur pouvoir. ,,

7. ,, Les censeurs annulleront ces actes , s'il y a lieu ; et , dans le cas de forfaiture , le fait sera dénoncé au Corps législatif par les censeurs qui auront prononcé. ,,

8. ,, Le Corps législatif mettra le tribunal en jugement, s'il y a lieu , et renverra les pré-

venus devant le tribunal qui doit connaître de cette matiere. ,,

Section 5. *Du Jury national.*

Art. 1. ,, Il sera formé un Jury national toutes les fois qu'il s'agira de prononcer sur les crimes de haute trahison :ces crimes seront expressément déterminés par le code pénal. ,,

2. ,, Le tableau du Jury national sera composé de trois jurés par chaque département, et d'un nombre égal de suppléans. ,,

3. ,, Ils seront élus, ainsi que les suppléans, par les Assemblées primaires de chaque département. ,,

4. ,, Le Jury national se divisera en Jury d'accusation et en Jury de jugement. ,,

5. ,, Il ne sera formé qu'un seul Jury national, lorsqu'il s'agira de prononcer sur la simple destitution d'un membre du Conseil exécutif de la République. ,,

6. ,, Les juges du tribunal criminel du département, dans l'étendue duquel le délit aura été commis, rempliront, auprès du Jury national, les fonctions qu'ils exercent pour le Jury ordinaire. ,,

7. ,, Lorsqu'il s'agira d'un délit de haute trahison, commis hors du territoire de la République, ou de la forfaiture encourue par un fonctionnaire public hors du même territoire, le Corps législatif choisira, par la voie du sort, entre les sept tribunaux criminels, les plus

voisins du lieu du délit, celui qui devra en connaître. ,,

8. ,, La même regle sera observée lorsque des motifs impérieux d'intérêt public ne permettront pas que le Jury national se rassemble dans le département où le délit aura été commis. ,,

§ 3. AUTRES ANCIENNES LOIS,

Principalement celles relatives aux Jurys, aux Hauts-Jurés, et au Tribunal de cassation.

L'EXTREME importance et la grande rigueur de la procédure par jurés, nécessitent ici une énumération qui instruira ceux qui n'ont que des idées confuses, et fortifiera chez les autres les connaissances déjà acquises ; tel est notre motif.

Selon la loi du 10 mai 1791, art. 1 : ,, La Haute-Cour nationale sera composée d'un Haut-Juré et de quatre Grands-Juges qui dirigeront l'instruction, et qui appliqueront la loi, après la décision du Haut-Juré sur le fait. ,,

2. ,, Lors des élections pour le renouvellement d'une Législature, les électeurs de chaque département, après avoir nommé les représentans au Corps législatif, éliront au scrutin individuel et à la pluralité absolue des suffrages, deux citoyens ayant les qualités né-

cessaires pour être députés au Corps législatif, lesquels demeureront inscrits sur le tableau du Haut-Juré pendant tout le cours de cette Législature. ,,

3. ,, Chaque nouvelle Législature , après avoir vérifié les pouvoirs de ses membres , dressera la liste des Jurés élus par les départemens , et elle la fera publier. ,,

4. ,, La Haute-Cour nationale connaîtra de tous les crimes et délits dont le Corps législatif se portera accusateur. ,,

5. ,, La Haute-Cour nationale ne se formera que quand le Corps législatif aura porté un décret d'accusation. ,,

6. ,, Elle se réunira à une distance de quinze lieues au moins du lieu où la Législature tiendra ses séances. Le Corps législatif indiquera la ville où la Haute-Cour nationale s'assemblera. ,, ...

8. ,, Le décret du Corps législatif portant accusation, aura l'effet d'un décret de prise-de-corps. ,,

9. ,, Avant de porter le décret d'accusation, le Corps législatif pourra appeler et entendre à la barre les témoins qui lui seront indiqués; mais après que le décret d'accusation aura été rendu, les témoins seront entendus par les quatre Grands-Juges , et leurs dépositions reçues par écrit. ,,

10. ,, Lorsque le Corps législatif aura décrété qu'il se rend accusateur , il fera une proclamation solennelle pour annoncer la for-

mation d'une Haute-Cour nationale, et fera rédiger l'acte d'accusation de la maniere la plus précise et la plus claire; et il nommera deux de ses membres pour, sous le titre de Grands-Procurateurs de la Nation, faire, auprès de la Haute-Cour nationale, la poursuite de l'accusation. »

11. » Les quatre Grands-Juges qui présideront à l'instruction, seront pris parmi les membres du tribunal de cassation ; leurs noms seront tirés au sort dans la salle où la Législature tiendra publiquement ses séances ; le plus ancien d'âge présidera : le roi sera prié d'y envoyer deux commissaires. »

12. » Le Haut-Juré sera composé de vingt-quatre membres, et il ne pourra juger qu'à ce nombre. » .

13. » Il y aura de plus six Hauts-Jurés, tirés au sort sur la liste des cent soixante-six, pour servir d'adjoints dans le même cas et selon les formes déterminées par la loi sur les Jurés. » (1)

14. » Les Hauts-Jurés qui seront nommés par chacun des départemens pour être inscrits sur la liste générale, ne seront admis à proposer aucune excuse, pour se dispenser d'être inscrits sur cette liste. »

15. » Lorsque le Corps législatif aura fait sa proclamation pour annoncer la formation d'une Haute-Cour nationale, ceux des Hauts-Jurés inscrits sur la liste, qui croiraient avoir

____
(1) Voyez ci-après, page 13.

des excuses légitimes pour se dispenser de composer le Haut-Juré, dans le cas où le sort les y fît entrer, pourront envoyer lesdites excuses avec les pieces qui en prouveront la légitimité : ces excuses seront jugées par les Grands-Juges. ,,

16. ,, Si l'empêchement allégué est jugé légitime, les noms des Hauts-Jurés qui se trouveront excusés, seront, pour cette fois, retirés de la liste. ,,

17. ,, Après que le Haut-Juré aura été déterminé, il n'y aura plus pour ceux qui devront le composer, aucun lieu à proposer d'excuses, si ce n'est pour impossibilité physique, telle qu'une maladie grave, constatée par un rapport de médecins, et certifiée par le procureur-général-syndic du département, ou le procureur-syndic du district, ou le procureur de la commune, suivant que le citoyen appelé habitera dans un chef-lieu de département, de district, ou dans une municipalité. ,,

18. ,, Les Hauts-Jurés qui seront convoqués, soit que leurs excuses n'aient pas été jugées légitimes, soit qu'ils n'en aient pas proposé, ne pourront se dispenser de se rendre au lieu désigné, sous peine, pour celui qui ne s'y rendrait pas, d'une amende égale aux contributions directes, tant fonciere que mobiliaire, auxquelles il se trouvera imposé pour l'année, et d'être déchu pour six ans des droits de citoyen actif. ,,

19. ,, Celui qui aura une fois rempli les fonctions de Haut-Juré, ne pourra plus les remplir le reste de sa vie ; son nom sera retiré de dessus la liste, et on ne pourra plus l'élire pour cette fonction. ,,

20. ,, Lorsqu'un ou plusieurs des Hauts-Jurés ne pourront pas, à raison de maladie, remplir leurs fonctions, ils seront remplacés ; savoir ; ceux des vingt-quatre membres qui composent le Haut-Juré par des adjoints, suivant l'ordre dans lequel ceux-ci auront été nommés par la voie du sort ; et les adjoints qui seront de cette maniere entrés dans le Haut-Juré, par des Jurés pris au sort sur la liste du département dans lequel siégera la Haute-Cour nationale. ,,

21. ,, Les accusés auront quinze jours pour déclarer leurs récusations. ,,

22. ,, L'accusé ou les accusés auront la faculté d'exercer, sans donner de motifs, le double de récusations accordées par le décret sur la procédure par Jurés. ,, (1)

23. ,, Les Grands-Procurateurs de la Nation ne pourront proposer de récusations qu'en donnant des motifs ; ces motifs seront jugés par les Grands-Juges. ,, .

24. ,, Aussitôt que les récusations auront été proposées et le Haut-Juré déterminé, les Grands-Juges feront convoquer les trente membres dont il sera composé, lesquels seront tenus de se rendre dans quinze jours, aprè

(2) Voyez ci-après, page 29, art. 251.

la notification du mandement des Grands-Juges, dans la ville qui sera désignée. „

25. „ Les Grands-Juges adresseront, pour le faire notifier, leur mandement aux Procureurs-généraux-syndics des départemens où auront été nommés les Hauts-Jurés convoqués. „

26. „ La forme de composer le Juré et de procéder, établie pour les Jurés ordinaires, sera suivie pour le Haut-Juré. „

27. „ Le Commissaire du roi auprès du tribunal de district dans le territoire duquel la Haute-Cour Nationale s'assemblera, fera auprès d'elle les fonctions de Commissaire du roi ; elles seront les mêmes relativement à l'instruction et au jugement, que celles qu'il exercera auprès du tribunal criminel ordinaire. „

28. „ Les Hauts-Jurés qui seront convoqués, recevront, attendu la nature de ce Juré composé de membres appelés de toutes les parties du royaume, la même indemnité que les membres du Corps législatif. „

De la Loi du 16-29 septembre 1791 sur la procédure par Jurés ; Titre 2, du Juré de jugement.

ART. 1. „ Nul citoyen désigné par la Loi pour servir de Juré, ne peut se refuser à cette obligation. „

2. „ Tout citoyen ayant les conditions

requises pour être électeur, se fera inscrire.....
pour servir de Juré de jugement..... ,,

3. ,, Le Procureur-syndic.... enverra.... une
copie de ce registre..... ,,

4. ,, Ceux qui auront négligé de se faire
inscrire..... seront privés des droits de suffrage
à toute fonction publique pendant le cours
des deux années suivantes. ,,

5. ,, Ne pouront être Jurés les officiers de
police , les juges , les commissaires du roi ,
l'accusateur-public , les procureurs-généraux-
syndics et procureurs-syndics des administra-
tions , ainsi que tous les citoyens qui n'ont pas
les conditions requises pour être électeurs; les
ecclésiastiques et les septuagénaires pourront
s'en dispenser. ,,

6. ,, Sur tous les citoyens ayant les qualités
susdites , inscrits dans les registres , le procureur-général-syndic du département en
choisira , tous les trois mois , 200 qui formeront la liste du Juré de jugement.... ,,

7. ,, Un citoyen ne pourra jamais , sans son
consentement , être placé plus d'une fois sur
la liste , pendant la révolution d'une année ;
et si , pendant les trois mois que son nom sera
sur la liste , il a assisté à une assemblée de
Jurés , il pourra s'excuser d'en remplir une
seconde fois les fonctions ; le tout à moins
qu'il n'habite la ville même où siege le
Tribunal criminel. ,, (*Voyez la note au bas de
la page* 12.)

8. ,, Nul ne pourra être Juré de jugement

dans la même affaire où il aurait été juré d'accusation. ,,

9..... 10. ,, Le tableau des jurés de jugement ainsi formé, sera présenté à l'accusé qui pourra, dans les 24 heures , récuser ceux qui le composent ; ils seront remplacés par le sort. ,,

11. ,, Si l'accusé avait exercé vingt récusations , celles qu'il voudrait présenter ensuite , devront être fondées sur des causes dont le Tribunal jugera la validité. ,,

12. ,, Cette récusation de vingt Jurés pourra être faite par plusieurs co - accusés , s'ils se concertent ensemble pour l'exercer ; et s'ils ne peuvent s'accorder , chacun d'eux séparément pourra récuser dix jurés. ,,

13. ,, Dans ce dernier cas , chacun d'eux récusera successivement un des Jurés, jusqu'à ce que sa faculté soit épuisée. ,,

14. ,, Lorsque les citoyens inscrits sur la liste des deux cents , prévoiront , pour le 15 du mois suivant, quelque obstacle qui pourrait les empêcher de se rendre à l'assemblée du Juré , s'il arrivait qu'ils y fussent appelés par le sort , ils en donneront connaissance au président.... deux jours au moins avant le 1er du mois pendant lequel ils desirent d'être excusés. ,,

15. ,, La valeur de cette excuse sera jugée , dans les 24 heures par let ribunal criminel. ,,.

16. ,, Si l'excuse est jugée suffisante , le nom de celui qui l'a présentée sera retiré pour cette fois de la liste ; si elle est jugée non-

valable ,

valable, son nom sera soumis au sort comme celui des autres. »

17—18. » Tout juré qui ne se sera pas rendu..... sera condamné en 5o liv. d'amende, et à être privé du droit d'éligibilité et de suffrage pendant deux ans. Sont exceptés..... ceux qui prouveraient qu'ils sont retenus pour cause de maladie grave. »

19. » Dans tous les cas, s'il manquait un ou plusieurs jurés au jour indiqué, le directeur du Juré les fera remplacer par des citoyens de la ville, tirés au sort..... dans la liste des deux cents, et subsidiairement parmi les citoyens du lieu ayant les conditions d'électeurs. »

De la Loi du 27 novembre 1790 sur le Tribunal de cassation.

ART. 1. » Il y aura un tribunal de cassation établi auprès du Corps législatif. »

2. *Ses fonctions* » seront de prononcer sur toutes les demandes en cassation, contre les jugemens rendus en dernier ressort; de juger les demandes de renvoi d'un tribunal à un autre, pour cause de suspicion légitime, les conflits de juridiction et les réglemens de Juges, les demandes de prise à partie contre un tribunal entier. »

3. » Il annullera toutes les procédures dans lesquelles les formes auront été violées, et

tout jugement qui contiendra une contravention expresse au texte de la loi. . . . .

　　„ Sous aucun prétexte et en aucun cas , le
Tribunal ne pourra connaître du fond des
affaires ; après avoir cassé les procédures , il
renverra le fond des affaires aux tribunaux qui
devront en connaître. „ . . . . .

　　6. „ Tous les six mois , le Tribunal de
cassation nommera vingt de ses membres pour
former un bureau qui , sous le titre de *Bureau
des requêtes*, aura pour fonction d'examiner et
de juger si les requêtes en cassation ou en
prise à partie doivent être admises ou rejetées.
Ce bureau ne pourra juger qu'au nombre de
douze juges au moins.

　　7. „ Si dans ce bureau les trois quarts des
voix se réunissent pour rejeter une requête en
cassation ou en prise à partie , elle sera définitivement rejetée : si les trois quarts des voix
se réunissent pour admettre la requête , elle
sera définitivement admise. „ . . . .

　　8. „ Lorsque les trois quarts des voix ne se
réuniront pas pour rejeter ou admettre , ...
la question sera portée à tout le Tribunal ras-
semblé , et la simple majorité des voix fera
décision. „

　　9—10. „ La section de cassation ne pourra
juger qu'au nombre de *quinze juges* au moins. „

　　. . . . 21. „ Dans le cas où le jugement seul
aura été cassé. . . . et si le nouveau jugement
est conforme à celui qui a été cassé, il pourra
encore y avoir lieu à la demande en cassation.

Mais lorsque le jugement aura été cassé deux fois, et qu'un troisieme tribunal aura jugé en dernier ressort, et de la même maniere que les deux premiers, la question ne pourra plus être agitée au Tribunal de cassation, qu'elle n'ait été soumise au Corps législatif, qui, en ce cas, portera un décret déclaratoire de la loi, et le Tribunal de cassation s'y conformera dans son jugement. „

RÉFLEXION SUR LES JURÉS.

Ce que sont les Jurés.

EN principe les jurés sont des citoyens appelés, à l'occasion d'un délit, pour examiner le fait allégué contre le prévenu ou l'accusé, et décider, d'après les preuves qui leur sont fournies et leur conviction personnelle, si le délit existe, quel est le coupable, et quelle a été son intention.

Les jurés ne sont donc point des fonctionnaires publics qui exercent la profession particuliere de juger dans les matieres criminelles ; ils ne sont point connus d'avance de ceux qui seront soumis à leur jugement. Aucun caractére public, aucunes marques extérieures ne les désignent au Peuple comme ceux qui doivent être ses juges dans telle et telle circonstance ; ils ne s'élevent point au dessus de la classe des simples citoyens : si l'exercice instantané des fonctions de jurés leur donne un pouvoir que la loi autorise et que tous doivent respecter, leur mission finie, ils se confondent dans le sein de la société, et ne conservent aucun signe de cette juridiction du moment.

La loi n'a pas voulu cependant confier à tous indistinctement l'importante fonction de décider de l'honneur ou de la vie de leurs semblables ; elle a circonscrit le choix des jurés dans la classe des citoyens qui sont capables des fonctions d'électeurs. (1)

Outre les motifs qui précédemment avaient fixé les conditions de l'éligibilité , on a considéré les inconvéniens de la perte de tems que pourrait occasionner aux citoyens le service public du Jury ; elle serait trop onéreuse à ceux qui ne vivent que du produit de leur travail.

La loi n'a pas laissé entiérement libre l'acceptation ou le refus des fonctions de jurés.

Elle compte, sans doute, sur la bonne volonté des citoyens et les progrès de l'esprit public ; mais autant il pourrait résulter d'inconvéniens de l'admission indéfinie et sans choix de tous ceux qui se présenteraient pour être jurés, autant il serait dangereux d'être exposé à manquer de jurés dans le moment où leur ministere est nécessaire ; tous les citoyens capables d'être électeurs , qui n'auraient pas d'excuse valable , ne peuvent donc se dispenser de payer à la société ce tribut civique, sans encourir les peines déterminées par la loi.

Il y a des jurés de deux sortes : mais cette

---

(1) On a remarqué que la sensibilité qui fait un des principaux mérites des jurés , pourrait exiger , pour être conservée , que la loi mit un certain intervalle entre les retours possibles de leur apparution au Tribunal. *Un an* est un terme trop court ; *cinq ans* paraissent un terme plus convenable pour assister une seule fois à l'un ou à l'autre Jury. Sans cela il pourrait s'établir , par négligence ou par d'autres motifs , des *Jurés bannaux* ; et le danger des *Jurés bannaux* s'est déjà fait sentir.

manicre de s'exprimer ne signifie pas qu'il y ait
des distinctions personnelles entre un juré et un
autre juré ; tous sont égaux, car tous sont citoyens,
et la même aptitude est requise pour les deux
especes de jurés ; la différence n'existe que dans
l'objet de leur mission ; les uns doivent décider
s'il y a lieu à accusation , les autres si l'accusation est fondée : de-là la distinction de *Juré
d'accusation* et de *Juré de jugement.*

SECONDE PARTIE.

DE NOTRE CONSTITUTION ACTUELLE,

POUR CE QU'IL EST NÉCESSAIRE D'EN RÉMÉMORER ICI.

Titre 3. Des Assemblées primaires.

ART. 26. „ **E**LLES s'assemblent de plein droit le 1er germinal de chaque année et procedent, selon qu'il y a lieu, à la nomination : 1° des membres de l'Assemblée électorale....

Titre 4. Assemblées électorales.

ART. 41. „ Elles élisent : 1° les membres du Corps législatif ;

2°„ Les membres du Tribunal de cassation ;

3°„ Les hauts - jurés. „

Titre 5. Pouvoir législatif. Dispositions générales.

ART. 46. „ Il ne peut exercer par lui-même , ni par des délégués , le pouvoir exécutif, ni le pouvoir judiciaire. „

76. „ La proposition des lois appartient exclusivement au Conseil des Cinq-cents. „.

86. „ Il appartient exclusivement au Conseil des Anciens d'approuver ou de rejeter les résolutions du Conseil des Cinq-cents.

111. ,, Les membres du Corps législatif,
depuis le moment de leur nomination jusqu'au
trentième jour après l'expiration de leurs
fonctions, ne peuvent être mis en jugement
que dans les formes qui suivent :

112. ,, Ils peuvent, pour faits criminels,
être saisis en flagrant-délit : mais il en est
donné avis, sans délai, au Corps législatif; et
la poursuite ne pourra être continuée qu'après
que le Conseil des Cinq-cents aura proposé
la mise en jugement, et que le Conseil des
Anciens l'aura décrétée. ,,

113. ,, Hors le cas du flagrant-délit, les
membres du Corps législatif ne peuvent être
accusés devant les officiers de police, ni mis en
état d'arrestation, avant que le Conseil des Cinq-
cents n'ait proposé la mise en jugement, et que
le Conseil des Anciens ne l'ait décrétée. ,,

114. ,, Dans les cas des deux articles
précédens, un membre du Corps législatif ne
peut être traduit devant aucun autre tribunal
que la Haute - Cour de Justice. ,,

115. ,, Ils sont traduits devant la même Cour
pour les faits de trahison, de dilapidation, de
manœuvres pour renverser la Constitution, et
d'attentats contre la sureté intérieure de la
République. ,,

116. ,, Aucune dénonciation contre un
membre du Corps-législatif, ne peut donner
lieu à poursuite, si elle n'est rédigée par écrit,
signée et adressée au Conseil des Cinq-cents. ,,

117. ,, Si après y avoir délibéré en la forme

prescrite par l'article 77 (1) , le Conseil des Cinq - cents admet la dénonciation , il le déclare. . . . .

118. „ L'inculpé est alors appelé ; il a pour comparaître un délai de trois jours francs ; et lorsqu'il comparaît , il est entendu dans l'intérieur du lieu des séances du Conseil des Cinq-cents. „

119. „ Soit que l'inculpé se soit présenté , ou non , le Conseil des Cinq-cents déclare , après ce délai , s'il y a lieu , ou non , à l'examen de sa conduite. „

120. „ S'il est déclaré par le Conseil des Cinq-cents qu'il y a lieu à examen, le prévenu est appelé par le Conseil des Anciens : il a pour comparaître un délai de deux jours francs ; et s'il comparaît , il est entendu dans l'intérieur du lieu des séances du Conseil des Anciens. „

121. „ Soit que le prévenu se soit présenté , ou non, le Conseil des Anciens , après ce délai , et après y avoir délibéré dans les formes

(1) Art. 77. „ Aucune proposition ne peut être délibérée ni résolue dans le Conseil des Cinq cents qu'en observant les formes suivantes :

„ Il se fait trois lectures de la proposition ; l'intervalle entre deux de ces lectures ne peut être moindre de dix jours.

„ La discussion est ouverte après chaque lecture ; et néanmoins , après la première ou la seconde , le Conseil des Cinq cents peut déclarer qu'il y a lieu à l'ajournement, ou qu'il n'y a pas lieu à délibérer.

„ Toute proposition doit être imprimée et distribuée deux jours avant la seconde lecture.

„ Après la troisieme lecture , le Conseil des Cinq cents décide s'il y a lieu ou non à l'ajournement. „

prescrites par l'article 91 (2), prononce l'accusation , s'il y a lieu , et renvoie l'accusé devant la Haute-Cour de Justice , laquelle est tenue d'instruire le procès sans aucun délai. »

122. » Toute discussion , dans l'un et dans l'autre Conseil , relative à la prévention , ou à l'accusation d'un membre du Corps législatif , se fait en Conseil général. »

» Toute délibération sur les mêmes objets est prise à l'appel nominal , et au scrutin secret. »

123. » L'accusation prononcée contre un membre du Corps législatif entraîne sus-pension. »

» S'il est acquitté par le jugement de la Haute - Cour de Justice , il reprend ses fonctions. »

Titre 6. Pouvoir exécutif.

ART. 152. » Les ministres sont respective-ment responsables , tant de l'inexécution des lois , que de l'inexécution des arrêtés du Directoire. »

158. » L'article 112 et les suivans , jusqu'à l'article 123 , inclusivement , relatifs à la garantie du Corps législatif , sont communs aux membres du Directoire. »

(2) Art. 91. » Si la résolution n'est pas précédée d'un acte d'urgence, il en est fait trois lectures : l'intervalle entre deux de ces lectures ne peut être moindre de cinq jours.

» La discussion est ouverte après chaque lecture.

» Toute résolution est imprimée et distribuée deux jours au moins avant la seconde lecture. »

159. „ Dans le cas où plus de deux membres du Directoire seraient mis en jugement , le Corps législatif pourvoira , dans les formes ordinaires , à leur remplacement provisoire durant le jugement. „

Titre 8. Pouvoir judiciaire. Dispositions générales.

Art. 202. „ Les fonctions judiciaires ne peuvent être exercées, ni par le Corps législatif, ni par le Pouvoir exécutif. „

204. „ Nul ne peut être distrait des juges que la loi lui assigne, par aucune commission , ni par d'autres attributions que celles déterminées par une loi antérieure. „

208. „ Les séances des Tribunaux sont publiques ; les juges délibèrent en secret ; les jugemens sont prononcés à haute voix....

209. „ Nul citoyen , s'il n'a l'âge de trente ans accomplis , ne peut être élu juge..... ni membre du Tribunal de cassation, ni juré.... ni commissaire du Directoire exécutif près les Tribunaux. „

De la Justice correctionnelle et criminelle.

Art. 223. „ Pour que l'acte qui ordonne l'arrestation puisse être exécuté , il faut :

1° Qu'il exprime formellement le motif de l'arrestation, et la loi en conformité de laquelle elle est ordonnée :

2° Qu'il ait été notifié à celui qui en est l'objet, et qu'il lui en ait été laissé copie. „ '

227. „ Nulle personne, dans le cas où sa détention est autorisée par la loi, ne peut être conduite ou détenue que dans les lieux légalement et publiquement désignés pour servir de maison d'arrêt, de maison de justice ou de maison de détention. „

228. „ Nul gardien ou géolier ne peut recevoir ni retirer aucune personne qu'en vertu d'un mandat d'arrêt, selon les formes prescrites, ... d'une ordonnance de prise de corps; d'un décret d'accusation ou d'un jugement de condamnation à prison ou détention correctionnelle, et sans que la transcription en ait été faite sur son registre. „

230. „ La représentation de la personne détenue ne pourra être refusée à ses parens et amis, porteurs de l'ordre de l'officier civil, lequel sera toujours tenu de l'accorder, à moins que le gardien ou geolier ne représente une ordonnance du juge, transcrite sur son registre, pour tenir la personne arrêtée au secret. „

231. „ Tout homme, quelle que soit sa place ou son emploi, autre que ceux à qui la loi donne le droit d'arrestation, qui donnera, signera, exécutera ou fera exécuter l'ordre d'arrêter un individu, ou quiconque, même dans le cas d'arrestation autorisée par la loi, conduira, recevra ou retiendra un individu dans un lieu de détention non publiquement et légalement désigné; et tous les gardiens et

geoliers qui contreviendront aux dispositions des trois articles précédens, seront coupables du crime de détention arbitraire. ,,

232. ,, Toutes rigueurs employées dans les arrestations, détentions, ou exécutions , autres que celles prescrites par la loi , sont des crimes. ,,

236. ,, Il y a appel des jugemens du tribunal correctionnel pardevant le tribunal criminel du département. ,,

237. ,, En matiere de délits emportant peine afflictive ou infamante , nulle personne ne peut être jugée que sur une accusation admise par les jurés, ou décrétée par le Corps législatif, dans le cas où il lui appartient de décréter d'accusation. ,,

238. ,, Un premier Jury déclare si l'accusation doit être admise ou rejetée : le fait est reconnu par un second Jury , et la peine déterminée par la loi est appliquée par des tribunaux criminels. ,,

239. ,, Les jurés ne votent que par scrutin secret. ,,

249. ,, Le commissaire du Pouvoir exécutif est chargé : 1° de requérir , dans le cours de l'instruction , pour la régularité des formes ; et avant le jugement , pour l'application de la loi. . . . . .

250. ,, Les Juges ne peuvent proposer aux jurés aucune question complexe.

251. ,, Le Jury de jugement est de douze jurés au moins : l'accusé a la faculté d'en

récuser , sans donner de motifs , un nombre que la loi détermine. ,,

252. ,, L'instruction devant le Jury de jugement est publique, et l'on ne peut refuser aux accusés le secours d'un Conseil, qu'ils ont la faculté de choisir , ou qui leur est nommé d'office. ,,

Du Tribunal de cassation.

ART. 254. ,, Il y a pour toute la République un Tribunal de cassation.

Il prononce, 1° sur les demandes en cassation contre les jugemens en dernier ressort rendus par les tribunaux. ,, ...

255. ,, Le Tribunal de cassation ne peut jamais connaître du fond des affaires ; mais il casse les jugemens rendus sur des procédures dans lesquelles les formes ont été violées, ou qui contiennent quelque contravention expresse à la loi, et il renvoie le fond du procès au tribunal qui doit en connaître. ,,

256. ,, Lorsqu'après une cassation le second jugement sur le fond est attaqué par les mêmes moyens que le premier , la question ne peut plus être agitée au Tribunal de cassation , sans avoir été soumise au Corps législatif , qui porte une loi à laquelle le Tribunal de cassation est tenu de se conformer. ,,

258. ,, Le nombre des juges du Tribunal de cassation ne peut excéder les trois quarts du nombre des départemens. ,,

259. „ Ce Tribunal est renouvelé par cinquieme tous les ans. „

„ Les Assemblées électorales des départemens nomment successivement et alternativement les juges qui doivent remplacer ceux qui sortent du Tribunal de cassation. „

„ Les juges de ce Tribunal peuvent toujours être réélus. „

260. „ Chaque juge du Tribunal de cassation a un suppléant élu par la même Assemblée électorale. „

261. „. Il y a près du Tribunal de cassation un commissaire et des substituts nommés et destituables par le Directoire exécutif. „

262. „ Le Directoire exécutif dénonce au Tribunal de cassation, par la voie de son commissaire, et sans préjudice du droit des parties intéressées, les actes par lesquels les juges ont excédé leurs pouvoirs. „

263. „ Le Tribunal annulle ces actes; et s'ils donnent lieu à la forfaiture, le fait est dénoncé au Corps législatif qui rend le décret d'accusation, après avoir entendu ou appelé les prévenus. „

264. „ Le Corps législatif ne peut annuller les jugemens du Tribunal de cassation, sauf à poursuivre personnellement les juges qui auraient encouru la forfaiture. „ (3).

(3) Une loi du 24 messidor, an 4, porte, entre autres choses, article I : „ Les cinquante juges dont le Tribunal de cassation doit être composé sont 1° les vingt juges ou suppléans nommés en vertu de la loi du 5 vendémiaire, an 4, au nom des départemens de............

Haute-Cour de Justice.

ART. 265. „ Il y a une Haute-Cour de Justice pour juger les accusations admises par le Corps législatif, soit contre ses propres membres, soit contre ceux du Directoire exécutif. „

266. „ La Haute-Cour de Justice est composée de cinq juges et de deux accusateurs nationaux, tirés du Tribunal de cassation, et de hauts-jurés nommés par les Assemblées électorales des départemens. „

267. „ La Haute-Cour de Justice ne se forme qu'en vertu d'une proclamation du Corps législatif, rédigée et publiée par le Conseil des Cinq-cents. „

268. „ Elle se forme et tient ses séances

2°. Les vingt-six juges ou suppléans nommés en vertu de la loi du 28 janvier 1791, au nom des représentans, &c. -

3° Les cinq citoyens qui parmi les juges nommés extraordinairement par la Convention nationale sont ceux qui, conformément à la loi du 2 brumaire, an 4, ont été désignés par le sort, comme devant se retirer les derniers. „

Art. 2. „ Néanmoins ceux des juges nommés en vertu de la loi du 5 vendemiaire an 4, qui n'auraient pas encore été installés, continueront d'être remplacés provisoirement jusqu'à leur installation ou jusqu'à celle de leurs suppléans, par les citoyens..... nommés par la Convention nationale, et qui se retireront successivement dans l'ordre que le sort leur a indiqué. „ ...

Art. 3. „ Néanmoins nul citoyen ne pourra désormais exercer au Tribunal de cassation les fonctions de juge, même provisoirement, s'il ne réunit les conditions d'éligibilité prescrites par l'Acte constitutionnel, et notamment s'il n'est âgé de 30 ans accomplis. „ . . . .

dans le lieu désigné par la proclamation du Conseil des Cinq-cents.

,, Ce lieu ne peut être plus près qu'à douze myriametres (4) de celui où réside le Corps législatif. ,,

269. ,, Lorsque le Corps législatif a proclamé la formation de la Haute - Cour de Justice, le Tribunal de cassation tire au sort quinze de ses membres, dans une séance publique ; il nomme de suite, dans la même séance, par la voie du scrutin secret, cinq de ces quinze ; les cinq juges ainsi nommés sont les juges de la Haute-Cour de Justice ; ils choisissent entre eux un président. ,,

270. ,, Le Tribunal de cassation nomme, dans la même séance, par scrutin, à la majorité absolue, deux de ses membres pour remplir, à la Haute-Cour de Justice les fonctions d'accusateurs nationaux. ,,

271. ,, Les actes d'accusation sont rédigés par le Conseil des Cinq-cents. ,,

272. ,, Les Assemblées électorales de chaque département nomment, tous les ans, un juré pour la Haute-Cour de Justice. ,,

273. ,, Le Directoire exécutif fait imprimer et publier, un mois après l'époque des élections, la liste des Jurés pour la Haute-Cour de Justice. ,,

(4) A peu près 30 milles ou 15 lieues de France.

Révision

Révision de la Constitution.

Art. 336. ,, Si l'expérience fesait sentir les inconvéniens de quelques articles de la Constitution , le Conseil des Anciens en proposerait la révision. ,,

337. ,, La proposition du Conseil des Anciens est , en ce cas , soumise à la ratification du Conseil des Cinq-cents. ,,

338. ,, Lorsque dans un espace de neuf années, la proposition de Conseil des Anciens, ratifiée par le Conseil des Cinq-cents , a été faite à trois époques éloignées l'une de l'autre de trois ans au moins , une Assemblée de révision est convoquée. ,,

TROISIEME PARTIE.

CIRCONSTANCES ET FORMATION DE LA HAUTE-COUR DE JUSTICE DANS LE PROJET, LA DISCUSSION ET LA RÉSOLUTION DU CONSEIL DES CINQ-CENTS.

§ 1. *Projet de résolution du Conseil des Cinq-cents.*

LE corps législatif, tourmenté par la nécessité de former incessamment une Haute-Cour nationale pour juger l'accusation qu'il avait décrétée contre le citoyen Drouet, un de ses membres, pour suspicion de conspiration contre la sureté de l'État et d'autres faits également capitaux, ainsi que contre le citoyen Babeuf pour suspicion de complicité, se voyait dans l'obligation premiere de former presque toute l'organisation de cette Haute-Cour, que la Constitution avait laissée au soin des législatures. C'était au Conseil des Cinq-cents à la proposer, comme ayant l'initiative des lois. Dans plusieurs de ses séances il en avait été question, et les idées s'étaient arrêtées sur quelques formalités d'une importance majeure; sur le recours ou non recours par appel ou en cassation contre les jugemens de la Haute-Cour; sur les récusations à déterminer en faveur des accusés ; sur la faculté à ces derniers de faire entendre des témoins à leur décharge, et sur quelques points réglementaires. Traiter de cela en propositions et en discussions improvisées, ne parut pas suffisant, et le Conseil nomma une Commission pour en faire un mûr examen.

Dans la séance du 1er thermidor, an 4, Soulignac fait le rapport suivant :

CITOYENS REPRÉSENTANS,

« Vous avez chargé la Commission dont je suis l'organe, de vous faire un rapport sur trois questions également importantes :

Quelle doit être l'organisation du Haut-Jury, et la forme de procéder par-devant lui, d'instruire et de juger ? — Les jugemens de la Haute-Cour de Justice sont-ils sujets à cassation ? — Doit-il y avoir auprès de la Haute-Cour de Justice un commissaire du Directoire exécutif ?

La Constitution a désigné les juges qui doivent composer la Haute-Cour de Justice ; elle veut qu'ils soient pris parmi les membres du Tribunal de cassation ; elle a réglé leur nombre, la forme de leur nomination et celle de la partie publique, en fesant nommer par le Tribunal de cassation deux accusateurs nationaux. La composition des juges et des accusateurs nationaux étant ainsi parfaitement organisée par elle, elle appelle auprès de la Haute-Cour de Justice les hauts-jurés ; mais ne pouvant entrer dans les détails, il reste à déterminer la forme de composer le Haut-Jury, à marquer la manière dont il faut procéder devant lui et parvenir aux jugemens. C'est-là l'objet de la premiere question.

Votre Commission a pensé qu'elle devait être réglée d'après les dispositions contenues dans les lois du 15 mai 1791, relatives à la Haute-Cour nationale, (1) sur celles de la loi du 6 juin 1792, additionnelle à celle-ci, et encore sur ce qui est ordonné par celle du 25 août même année.

Les regles ordinaires, suivies devant le Jury sur l'instruction et le jugement, viennent ensuite recevoir une juste et naturelle application.

Votre Commission a cru devoir vous présenter, dans un même tableau, tout ce qui étant prescrit par les lois sur la Haute-Cour nationale, est nécessaire à la mise en action de la Haute-Cour de Justice.

Elle en a distrait tout ce qui était fait pour d'autres tems, tout ce qui pouvait blesser l'esprit de la Constitution et des lois rendues sur l'instruction de la procédure devant les jurés.

Elle s'est donc ainsi particuliérement occupée de mettre sous vos yeux, de réunir, pour ainsi dire, en un seul corps de lois, tout ce qui

(1) Voyez la premiere partie, § 3, et en général il faut recourir là sur la citation de toutes les lois antérieures à notre Constitution.

peut s'adapter à celles qui sont actuellement
en vigueur. Sans oublier ce que vous devez à
la sureté publique, elle a classé avec justice
ce qui doit être légitimement accordé à la
défense des accusés. Elle a prévenu vos sen-
timens : elle sait que si vous voulez que l'on
punisse, vous aimez à voir absoudre l'innocence.

Un seul changement s'est trouvé indispen-
sablement nécessaire. Nous osons croire que
sans compromettre la juste vengeance des lois,
il laisse aux accusés tous les vastes moyens
admis par notre législation pour éclairer les
faits et préparer des jugemens équitables.

Avant notre Constitution, chaque département nommait deux hauts-jurés : le nombre
s'en élevait à 166 ; il est maintenant réduit
à 82 ; d'après le tableau imprimé par le Directoire, les départemens nouvellement réunis,
ceux des Iles et quelques autres, n'ont pas
encore nommé de hauts-jurés, ou leurs nomi-
nations ne sont pas connues.

Il a bien fallu, quant au nombre, se régler
d'après celui qui existe.

Que votre justice ne soit cependant pas
alarmée. En maintenant, le plus qu'il a été
possible, les dispositions de la loi du 15 mai
1791, qui fixe pour la Haute-Cour nationale
un plus grand nombre de hauts-jurés et de
récusations que celui marqué par les lois sur
le Jury de jugement, elle a conservé aux accusés de grands avantages. Seulement, au lieu

de 24 jurés qui , d'après cette loi , devaient former le Haut-Jury , on propose qu'il soit réglé à 16 , que le nombre des adjoints et la faculté des récusations non motivées soit également augmenté.

Où il se trouve impossibilité physique et légale , il faut bien que tout cede.

L'impossibilité physique , elle vient du nombre de 82 jurés , combiné avec celui des récusations que la loi autorise sans que les accusés en donnent de motifs , de celles qu'elle leur permet d'exercer en en fesant connaître et juger le fondement , et de celles aussi que les accusateurs nationaux ont droit de faire quand ils en ont de justes raisons.

L'impossibilité légale vient de l'article 14 de la loi du 5 fructidor , qui défend la tenue des Assemblées électorales durant cette année. Si on se réglait , quant au nombre des hauts-jurés , sur la loi du 15 mai 1791 , un seul haut-juré manquant , il n'y aurait plus de possibilité à le remplacer , puisqu'il n'y en aurait pas à faire réunir les Assemblées électorales. La composition du Haut-Jury peut d'ailleurs devenir aisément incomplette , quand on compare le petit nombre des élections avec celui des hauts-jurés qui doivent le former , quand on considere la réduction qu'il doit nécessairement éprouver par les récusations motivées ou non motivées , par les excuses légitimes et les exclusions prononcées par la loi du 3 brumaire , dont les dispositions frappent nominativement les hauts-jurés et peuvent en atteindre plusieurs.

Laisseriez-vous jusqu'aux élections prochaines les accusés dans l'attente d'un jugement? Verriez-vous, sans frémir, les tourmens du coupable prolongés? Entendriez-vous sans horreur les cris de l'innocence gémissant sous les liens du crime? vos ames seraient trop douloureusement affectées, et vous reconnaîtrez la justice de la proposition que vous fait votre Commission. Voyez les accusés comparaissant devant des juges que le Peuple entier n'a pas placés aux fonctions les plus importantes et les plus élevées de l'ordre judiciaire, sans avoir reconnu en eux une grande supériorité de lumieres et d'impartialité, devant des jurés également choisis par le Peuple Français pour remplir le ministere le plus saint et le plus important. Les accusés peuvent-ils avoir une garantie plus solide et plus grande?

Passons maintenant à la seconde question. — *Les jugemens de la Haute-Cour de Justice sont-ils sujets à cassation?* —

Élever cette prétention, c'est vouloir ce que la Constitution n'a pas voulu; c'est ériger le Tribunal de cassation lui-même en juge de ce qu'il aurait prononcé dans le cas extraordinaire où, par une portion de ceux qui le composent, il applique la loi sur les délits imputés aux membres du Corps législatif ou du Directoire exécutif; c'est demander qu'un même tribunal se réforme lui-même, et citer de nouveau pardevant lui l'affaire qu'il a jugée ; c'est soutenir qu'on peut, sur un même jugement, appeler pour sa réformation de nouveaux juges pris dans le même tribunal et de nouveaux jurés ; c'est enfin exiger que , lorsqu'on a atteint le sommet du pouvoir dans l'ordre judiciaire, il se trouve quelque chose au-delà.

Conçoit-on , en effet, comment un tribunal , fournissant des juges pour une Haute-Cour de Justice, unique et extraordinaire, peut casser un jugement, pour élire des juges à l'effet d'en rendre un nouveau ? Voit-on quel serait le terme auquel arriverait un jugement définitif, et quels seraient , après l'épuisement des juges du Tribunal de cassation , ceux qui pourraient enfin prononcer définitivement ? Vous sentez donc , Citoyens Représentans , que par l'impossibilité même d'exécuter cette proposition , elle devient inadmissible. Mais opposons à ce système le pacte constitutionnel.

Nous y voyons bien clairement, bien explicitement, que le Tribunal de cassation est uniquement établi pour prononcer sur les demandes en cassation contre les jugemens en dernier ressort rendus par les tribunaux , sur les demandes en renvoi d'un tribunal à un autre, pour cause de suspicion ou de sureté publique , sur les réglemens de juges et les prises à partie contre un tribunal entier. La Haute-Cour de Justice est-elle dans la *classe* des tribunaux ? Nul n'oserait le prétendre.

Dans toutes les matieres la connaissance du

fond lui est interdite ; il doit la renvoyer devant un autre tribunal. Ici, il renverrait, non à un tribunal, mais à une Haute-Cour de Justice, formée de partie de ses membres; ce qui blesse toutes les idées d'ordre social et judiciaire.

Il est bien évident d'ailleurs que la Constitution, qui n'a organisé les juges de la Haute-Cour de Justice qu'après avoir réglé la formation et les pouvoirs du Tribunal de cassation ; aurait placé ce prétendu droit de casser les jugemens de la Haute-Cour de Justice, s'il eût été possible de le supposer, au rang des attributions de ce Tribunal ; elle les a restreints où ils doivent s'arrêter ; vous ne pouvez pas aller plus loin qu'elle.

Vous ne serez pas au surplus moins jaloux du maintien de la liberté publique, que le fut l'Assemblée nationale législative. Une pareille question y fut proposée, et elle considéra que la Haute-Cour nationale étant, par son but, son institution, le mode de son organisation, la nature de ses fonctions, un tribunal unique, il n'était pas permis de penser que ses jugemens pussent être soumis au recours en cassation, et par une loi du 29 août 1792, elle déclara qu'il n'y avait pas lieu à délibérer.

Indépendamment de ce préjugé, votre Commission s'est déterminée, d'après les principes, la lettre et l'esprit de la Constitution, à vous proposer de résoudre négativement cette premiere difficulté ; elle a en outre justement pensé que la cassation arrivant, il pourrait y avoir impossibilité de trouver de nouveaux juges ; elle n'a pas vu non plus, sans une juste crainte, le danger imminent qu'il y aurait pour la liberté de donner à un tribunal qui est la sommité de l'ordre judiciaire, le droit terrible de casser les jugemens de la Haute-Cour de Justice, celui plus terrible encore, qui en serait la suite, de réviser les actes du Corps législatif. En effet, s'il avait le droit de casser le jugement, il aurait celui de revoir tous les actes de la procédure, et parmi eux se trouveraient des actes du **Corps** législatif. La conséquence étant inadmissible, le principe doit être rejeté.

C'est déjà s'être trop appesanti sur cette proposition. La Commission vous doit maintenant son opinion sur la troisième. — *Y aurà-t-il, près de la Hautc-Cour nationàle,* **un** *commissaire du Directòire exécutif ?*

La Constitution a, d'une maniere précise, fixé par l'article 269, la composition et le nombre des juges : elle a pourvu, par l'article suivant, au maintien des formes, à l'observation des regles judiciaires et à l'exécution des lois. Elle a ordonné à cet effet qu'en même tems que le tribunal de cassation élirait des juges pour la Haute-Cour de Justice, il nommerait dans la même séance, par scrutin et à la majorité absolue des suffrages, deux de ses membres pour y remplir les fonctions d'accusateurs nationaux. Ce sont eux qu'elle place seuls auprès de ce tribunal suprême pour veiller, au nom de la République, à ce qu'il ne soit fait aucune infraction aux lois qui garantissent l'innocence et la sureté publique. Par-tout où elle a voulu donner au Directoire exécutif des surveillans de son choix, elle l'a chaque fois et particuliérement énoncé. Ici elle s'est tue formellement ; et son silence est d'autant plus la preuve que son intention a repoussé la création de ces agens, qu'elle exige celle de deux accusateurs nationaux pour en remplir les fonctions.

Une raison puissante et victorieuse vient encore écarter toute idée contraire. Ne serait-il pas absurde de donner au Directoire exécutif le droit de nommer un commissaire auprès de la Haute-Cour de Justice, établie pour juger un ou plusieurs de ses membres, ou des Représentans du Peuple ? S'il en était ainsi, pourrait-on n'avoir jamais rien à craindre pour la liberté du Corps législatif et celle du Peuple Français ? J'aurais tort d'insister quand la Constitution a disposé contre un pareil danger.

Il ne saurait y en avoir aucun lorsqu'elle a tout prévu pour la garantie sociale et celle de tous les accusés qui sont appelés devant ce tribunal où les formes tutélaires des lois se présentent dans toute la majesté d'un Peuple souverain qui veut le maintien de la Constitu-tion qu'il a acceptée, parce qu'elle assure sa

liberté, le triomphe de l'innocence et la puni-
tion des vrais coupables.

Votre Commission n'a pas dû se borner à
l'exposé qu'elle vient de vous faire ; elle a dû
en outre, vous proposer de régler quelques
objets d'organisation intérieure de la Haute-
Cour de Justice, vous présenter des réglemens
sur le mode d'assigner les témoins et de fixer
les indemnités qui sont dues aux juges,
aux hauts-jurés, et les traitemens à accorder
aux greffiers, aux divers employés et aux
huissiers.

Le résultat du travail de votre Commission
l'a conduite à vous proposer ce projet de
résolution.

Le Conseil des Cinq-cents, après avoir
entendu le rapport de sa Commission ;

Considérant que le renvoi de plusieurs
accusés à la Haute-Cour de Justice, ne permet
pas de différer son organisation, et de laisser
indécise aucune des difficultés qui pourraient
s'élever sur sa composition,

Déclare qu'il y a urgence.

Et après avoir déclaré l'urgence, le Conseil
prend la résolution suivante.

TITRE PREMIER.

Composition des Hauts-Jurys.

Le Haut-Jury sera composé de 16 membres.

Il y aura de plus, quatre hauts-jurés, tirés
au sort sur la liste, pour servir d'adjoints

dans les cas et selon les formes déterminées
par les lois sur les jurés.

Lorsque le Corps législatif aura fait sa proclamation pour annoncer la formation de la
Haute-Cour de Justice , ceux des hauts - jurés
inscrits sur la liste , qui croiront avoir des
excuses légitimes pour se dispenser de composer le Haut-Jury , enverront sur le champ
à la Haute-Cour de Justice leurs excuses avec
les pieces qui en prouveront la légitimité.

Ces excuses seront jugées par les juges
composant la Haute-Cour de Justice.

Si l'empêchement est jugé légitime , les
noms des hauts - jurés ainsi excusés seront ,
pour cette fois , rayés de la liste.

Après que le Haut-Jury aura été déterminé,
il n'y aura plus pour ceux qui devront le
composer aucun lieu à proposer d'excuse , si
ce n'est pour impossibilité physique , telle
qu'une maladie grave , constatée par un rapport de médecin , certifié par l'administration
centrale du département de leur domicile.

Les hauts - jurés qui seront convoqués ,
soit que leurs excuses n'aient pas été jugées
légitimes , soit qu'ils n'en aient pas proposé ,
ne pourront se dispenser de se rendre au lieu
désigné , sous peine d'une amende égale au
quadruple du montant des contributions auxquelles ils se trouveront imposés pour l'année.

S'il manque un ou plusieurs des hauts-jurés,
au jour indiqué , ils seront remplacés : savoir,
ceux des seize membres qui composeront le

Haut-Jury , par des adjoints , suivant l'ordre dans lequel ceux-ci auront été nommés par la voie du sort ; et les adjoints, par les jurés pris au sort sur la liste des jurés du département dans lequel siégera la Haute-Cour de Justice.

TITRE II.

Des récusations.

IMMÉDIATEMENT après le premier interrogatoire, le tableau général des hauts - jurés sera présenté à l'accusé, ou aux accusés ; ils seront tenus , dans les vingt - quatre heures suivantes , de désigner les trente jurés qu'il leur est permis de récuser sans en expliquer les motifs.

Les noms des hauts - jurés ainsi récusés seront exclus du tirage au sort : il sera procédé à la formation du tableau dans les vingt-quatre heures suivantes , et l'accusé ou les accusés ne seront admis à proposer que des récusations motivées contre les jurés qui seront inscrits sur le tableau.

Ils n'auront qu'un délai de vingt - quatre heures pour proposer ces récusations ; ce délai courra du moment où le tableau leur aura été présenté , et le tribunal sera tenu de prononcer, sur l'admissibilité des moyens de récusation , dans les vingt-quatre heures suivantes.

Les accusateurs nationaux ne pourront proposer de récusations qu'en donnant des motifs.

Ces motifs seront jugés par les Juges de la Haute-Cour de Justice.

Les récusations proposées et le Haut-Juré déterminé, les juges de la Haute - Cour de Justice feront convoquer les seize membres dont le Haut-Jury doit être composé ; et les quatre adjoints seront tenus de se rendre, quinze jours au plus tard après la notification du mandement des juges, dans la ville qui sera désignée.

Les juges de la Haute-Cour de Justice adresseront leurs mandemens aux accusateurs publics du tribunal criminel du département où auront été nommés les hauts-jurés ; ceux-ci les leur feront notifier sans délai, et enverront aussi sans retard les originaux des notifications aux accusateurs nationaux.

T I T R E   I I I.

Des témoins.

Les accusés devant la Haute-Cour de Justice seront tenus, dans le délai de trois jours après leur interrogatoire, d'indiquer les témoins qu'ils desireront faire entendre.

Ils pourront, pour cet objet, présenter leur requête ensemble ou séparément, mais sans prolongation du délai de trois jours.

Faute par eux d'avoir présenté leur requête dans ledit délai, ils ne pourront faire entendre leurs témoins qu'à l'époque désignée pour le débat, et il ne leur sera accordé aucun nouveau délai.

Les accusateurs nationaux enverront les

assignations à demeure aux témoins , aux accusateurs publics des tribunaux criminels des départemens , qui les feront signifier et en enverront de suite les originaux aux accusateurs nationaux.

Les accusateurs publics feront délivrer à chaque témoin, sur le receveur du département , une ordonnance pour ses frais de voyage.

Les témoins pourront être entendus par un des juges seulement , qui sera à cet effet commis par le président de la Haute-Cour de Justice.

Les membres de la Haute-Cour de Justice pourront adresser aux tribunaux criminels et aux directeurs de Jury des commissions pour recevoir les déclarations des témoins qui ne seront pas domiciliés dans l'étendue du département où elle tiendra ses séances.

TITRE IV.

Dispositions et réglemens.

LES décisions et jugemens rendus par la Haute-Cour de Justice ne sont pas soumis à l'appel, ni au recours devant le Tribunal de cassation.

Il n'y a pas de commissaire du Directoire exécutif près la Haute-Cour de Justice.

Les lois sur le composé du Jury de jugement , la forme de procéder par-devant lui, d'examiner, instruire et juger, seront observées

par

par la Haute-Cour de Justice , en tout ce qui
n'est pas contraire aux dispositions de la
présente résolution,

Le Conseil des Cinq - cents adressera les
actes d'accusation et pieces y jointes.

Dans le cas où des commissaires , autres
que des Représentans du Peuple , ou des
membres du Directoire exécutif , seraient , à
raison de complicité, traduits devant la Haute-
Cour de Justice , les accusateurs publics des
tribunaux criminels feront réunir toutes les
pieces , actes , procédures , jugemens et docu-
mens quelconques relatifs aux accusations.

Ils seront par eux adressés à la Haute-Cour
de Justice , ainsi que tous ceux qui pourront
leur parvenir pendant l'instruction.

Après la cessation des fonctions de la Haute-
Cour de Justice , les accusateurs nationaux
feront , en leur présence , procéder , par le
greffier , à un inventaire de toutes les pieces ,
actes , procédures et papiers qui se trouveront
au greffe , et les feront déposer aux archives
de la République ; ainsi que les jugemens.

T I T R E   V.

*Indemnités , traitemens , greffiers , employés et
huissiers.*

LES juges de la Haute-Cour de Justice ,
les hauts-jurés , les adjoints et les accusateurs
nationaux préleveront , pour leur voyage et
retour , une somme égale à celle qui est

D

accordée aux Représentans du Peuple pour se
rendre au Corps législatif.

Les hauts-jurés et les adjoints recevront
en outre, par jour, pour le tems que durera
la session, une indemnité de 9 myriagrames
de blé froment.

Les juges de la Haute-Cour de Justice
nommeront un greffier et quatre huissiers.

Le greffier aura un traitement égal à celui
du greffier du Tribunal de cassation ; et les
huissiers seront payés comme ceux employés
près du même Tribunal.

Le greffier choisira le nombre de commis,
employés, expéditionnaires, que les juges
de la Haute-Cour de Justice auront trouvé
nécessaire.

Il sera provisoirement mis, pour cet objet,
à la disposition du greffier de la Haute-Cour
de Justice, une somme de 100 mille francs.

Les paiemens seront faits par le greffier sur
l'ordonnance des juges.

Le greffier en enverra, chaque mois, l'état
visé par les juges, avec les pieces à l'appui,
à la trésorerie nationale.

La présente résolution sera imprimée ; elle
sera portée au Conseil des Anciens par un
messager d'État.

L'IMPORTANCE de ce projet de résolution,
dans tous les objets qu'il embrasse, est si
vivement sentie par l'Assemblée, que presque
tous les membres du Conseil témoignent le

desir, d'apporter le tribut de leurs lumieres à
la discussion qui en sera faite ; et, pour ajouter
encore à cela, le Conseil nomme une Commission de sept de ses membres pour en faire
un examen particulier : il ordonne un ajournement.

§ 2. Discussion au Conseil des Cinq-cents.

Séance du 2 thermidor.

...Bientot on se trouve disposé à la discussion. Byon demande qu'elle soit ouverte. Il
fait sentir combien la position des détenus
sollicite l'activité et la vigilance du Conseil ;
il demande en outre que la Commission
soit chargée de présenter, sous trois jours,
l'acte d'accusation, la proclamation de la
convocation de la Haute-Cour, et un projet
tendant à fixer le lieu où elle devra se réunir.
La discussion est ajournée ; le surplus de sa
proposition est adopté.

Dans les trois jours suivans, Lamarque,
Dumolard et Pastoret entament la discussion ;
mais tous les esprits n'étant pas également
pénétrés de l'objet, cette discussion, à laquelle
chacun se dispose à donner un grand caractere,
n'est encore qu'improvisée, éphémere, et on
l'ajourne. Voici cependant quelques fragmens
dignes de remarque.

Dans la séance du 5 thermidor, Soulignac
lit le projet article par article.

Le Conseil déclare d'abord l'urgence, et adopte le premier article en ces termes :

Art. 1. Le Haut-Jury sera composé de seize membres.

L'article 2 était ainsi conçu : «Il y aura de plus quatre hauts-jurés tirés au sort sur la liste ; pour servir d'adjoints, dans les cas déterminés par les lois sur les jurés».

Coupé, *des Côtes du Nord*. Je demande que les adjoints soient au nombre de huit ; car il est des circonstances où celui de quatre ne serait pas suffisant pour remplacer les jurés qui viendraient à vaquer, soit par maladie, ou autrement.

Cette observation n'a pas de suite, et le Conseil adopte l'article 2 jusqu'au 7e ; celui-ci porte que les hauts-jurés qui ne se rendront pas au lieu désigné, seront punis d'une amende égale au quadruple du montant de leurs contributions.

Duprat. La peine proposée est trop légere ; je demande que le haut-juré qui se trouvera en défaut, soit de plus, aux termes de la loi sur les jurés, privé du droit de citoyen pendant deux ans.

Daunou. La Constitution s'oppose à ce que le Corps législatif puisse porter la moindre atteinte à l'exercice des droits de citoyen ; l'article 13 s'explique formellement à cet égard, et l'article 12 expose les cas seulement où cet exercice sera perdu ou suspendu : or, comme le délit dont se rendra coupable un haut-juré n'y est pas désigné, je demande l'ordre du jour.

Le Conseil passe à l'ordre du jour sur la proposition de Duprat, et adopte l'article 7.

Le rapporteur fait lecture de l'article 8 ainsi conçu :

Art. 8. Si, au jour indiqué, il manque un ou plusieurs hauts-jurés, ils seront remplacés; savoir; ceux des seize hauts-jurés par des adjoints, et ceux-ci par des jurés pris au sort sur la liste des jurés du département dans lequel siégera la Haute-Cour de Justice.

Coupé, *des Côtes du Nord.* Je reviens et j'insiste sur la proposition que j'ai d'abord faite au Conseil, de porter à huit le nombre des adjoints, et les dispositions de l'article 8 vous en font sentir la nécessité. En effet, il peut arriver que le nombre des hauts-jurés absens surpasse celui des adjoints, qui n'est que de quatre; et dans ce cas vous êtes forcés, d'après le projet, de prendre des adjoints parmi les jurés ordinaires du département. Mais alors votre Haute-Cour pêche dans sa formation, vous n'avez plus qu'un Haut-Jury bâtard.

Soulignac. L'article 8 est tiré de la loi de 1790 sur l'organisation de la Haute-Cour nationale, et il est motivé sur de bonnes raisons. En effet, Citoyens, ne pourrait-il pas arriver que l'absence, ou forcée ou volontaire, d'un ou plusieurs hauts-jurés vînt à paralyser la marche de la Haute-Cour de Justice, et à mettre dans la décision de ses jugemens un ajournement indéfini et infiniment dangereux pour la chose publique ?

Dumolard. Ce n'est que dans les cas extrêmes que l'on peut admettre de simples jurés en remplacement de ceux de la Haute-Cour. Ces cas doivent être prévus ; je demande que l'article soit renvoyé à la Commission ; et que l'on admette, comme Coupé, huit adjoints, au lieu de quatre.

Lecointe-Puyravaux. Dans aucun cas vous ne pouvez violer la Constitution, sur-tout lorsqu'il s'agit de la composition d'un tribunal dont les décisions auront la plus grande influence sur la chose publique. Or, que veut la Constitution ? elle exige que les juges de la Haute-Cour de Justice soient tirés du Tribunal de cassation, et que les jurés soient élus par les Assemblées électorales. Ces dispositions sont précises ; ainsi vous ne pouvez pas plus prendre les hauts-jurés parmi les simples jurés, que les juges parmi les juges ordinaires. On dit : mais si les jurés spéciaux viennent à manquer, l'affaire pendante à la Haute-Cour de Justice sera interminable.

Citoyens, c'est avec de pareils raisonnemens que Robespierre était venu à bout de dénaturer la sublime et salutaire institution du Jury ; il trouvait trop long de faire venir des départemens des jurés pour son tribunal révolutionnaire. Et vous savez comme ceux qu'il tirait de cette Commune expédiaient les hommes. Sans doute il n'existe aucune comparaison entre l'époque actuelle et ces tems désastreux, et je ne cherche point à en établir; mais je m'attache aux principes et à la constitution; et je crois que, si vous les consultez, le seul parti que vous avez à prendre est d'adopter la question préalable sur l'article.

Le Conseil rejette-l'article 8 par la question préalable; et, revenant sur l'article 2, il décrete que les adjoints seront au nombre de huit.

Malès. L'amende du quadruple des contributions est une peine trop légère; il peut se trouver des jurés qui aimeront mieux la payer que de se déplacer, et de venir remplir les importantes mais pénibles fonctions qui leur sont confiées. Je demande que le haut-juré qui manquera de se rendre au lieu indiqué, soit puni de trois mois de détention en sus de l'amende.

_ *Chénier.* Il est injuste de cumuler deux peines pour le même délit; il est immoral d'en proposer de fiscales; je demande que le haut-juré qui manquera de se rendre au lieu indiqué, soit puni de trois mois de détention seulement.

La proposition de Chénier est adoptée; et sur celle de Malès, les juges de la Haute-Cour de Justice, chargés de juger les motifs de la récusation des hauts-jurés, prononce-ront la peine, non pas de détention, laquelle est infamante, mais celle d'emprisonnement.

Mode de récusation des hauts-jurés.

L'article est ainsi conçu :

« Immédiatement après le premier interro-gatoire, le tableau général des hauts-jurés sera présenté à l'accusé ou aux accusés ; ils seront tenus, dans les vingt-quatre heures suivantes, de désigner les trente jurés qu'il leur est permis de récuser, sans en exprimer les motifs.

Pastoret. Vous ne pouvez pas être plus séveres envers les citoyens traduits devant la Haute-Cour de Justice, qu'envers ceux tra-duits devant les tribunaux ordinaires. Ceux-ci n'exercent leur droit de récusation qu'après que les jurés sont tirés au sort : il est donc bien plus étendu. En effet, je suppose que sur les trois listes de jurés, chacune de douze membres, l'accusé épuise son droit, et en récuse vingt : il est visible que sa chance est bien plus favorable que celle de l'accusé tra-duit devant la Haute-Cour. 1° Celui-ci récuse, avant le tirage au sort ; 2° il ne récuse que trente jurés sur quatre-vingts : son droit de récusation est donc moins étendu, sa condi-tion moins favorable : cependant je ne crois pas que vous puissiez être envers lui plus séveres qu'envers un accusé ordinaire.

Lamarque. J'ai demandé la parole pour par-

ler non-seulement sur cet article, mais sur
l'ensemble du projet. Je crois qu'une résolution aussi importante n'aurait dû se discuter
que lentement, et après une profonde méditation. Cependant le projet est à peine distribué
qu'on le discute. On admet une foule d'articles
avec une rapidité qui m'effraye. Je me propo-
sais de parler sur plusieurs de ces articles ;
mais, je vous l'avoue, il m'a été impossible
de recueillir toutes ces idées, et moins encore
de rechercher toutes les lois anciennes qu'il
faudrait rapprocher de la loi nouvelle.

D'abord, il est en général infiniment dangereux de faire une loi dont dépend la vie
d'un citoyen, quand ce citoyen est actuellement en accusation. S'il est vrai que la vie
et l'honneur des citoyens sont les premiers
biens, n'eût-il pas mieux valu completter le
code de la Haute-Cour avant qu'un de nos
collégues y eût été traduit ? C'est alors que
l'esprit dégagé de toutes préventions particulieres, nous eussions été, comme le législateur
doit toujours être, froids, calmes, impassibles.
C'est un principe sacré qu'aucune loi, sur-tout
une loi criminelle, ne doit avoir d'effet rétroactif. Or, dans le projet qu'on vous propose, plusieurs articles ont un tel effet. Autant
que je puis me le rappeler, la loi du 15 mai
1791 accordait quinzaine aux accusés pour
faire les récusations. Comment donc se fait-il
qu'on ne vous propose aujourd'hui d'accorder
que vingt-quatre heures ? Il y a entre le légis-

lateur et l'accusé un traité qui ne peut être
violé. L'accusé peut vous dire : cette loi exis-
tait avant le délit qu'on m'impute, c'est d'après
cette loi que je veux être jugé.

Plusieurs voix : Cette loi n'accordait que
vingt-quatre heures.

Lamarque. On m'assure encore en ce moment qu'elle accordait quinzaine. Je reviens
au principe : dès qu'il s'agit de décerner des
peines, les lois ne doivent jamais être rétroac-
tives. On nie que les accusés traduits devant
la Haute-Cour eussent quinzaine ; Pastoret
l'affirme : cette difficulté et plusieurs autres
valent bien d'être éclaircies.

Je me résume, et je dis que si vous adoptez
la mesure portée au projet, dans un moment
où l'accusé gémit sous le poids de l'accusation, vous donnez l'exemple d'une immoralité
profonde, vous vous rendez coupables du
crime tant reproché à Robespierre, puisque,
comme lui, vous créez des lois de circonstance, avec lesquelles il envoyait à la mort
tant de prévenus, coupables ou non, auxquels
on les appliquait. — On dit que le projet présenté n'est qu'une loi organique de la Constitution ; c'est donc une raison de plus de ne
rien précipiter sur cette matiere, mais de donner à sa méditation tout le tems qui est nécessaire. Je demande l'ajournement à demain.

Dumolard. Je ne vois aucun inconvénient
à ajourner à demain, afin que chacun de nous

puisse méditer le projet présenté; mais il importe de relever une erreur qui a échappé au préopinant. Il a argumenté sans cesse de la Haute-Cour nationale et de la loi du 15 mai : mais la première a fait place à la Haute-Cour de Justice, dont l'organisation est toute différente ; et la seconde ne saurait nous servir de guide dans la loi réglementaire que nous fesons en ce moment. La Haute-Cour nationale n'existe plus ; la Haute-Cour de Justice a été créée par la Constitution de 1795, elle seule doit être suivie. — On parle de rétroactivité : sans doute il n'est personne ici qui veuille donner à la loi un effet rétroactif; mais autre chose est la peine à infliger ; autre chose est la procédure à suivre. Si le projet présenté aggravait la peine, le reproche serait fondé ; mais il ne s'agit ici que de formes à remplir, de lois réglementaires à observer, et l'accusé n'a point à se plaindre quand on lui accorde toutes les facilités de se justifier. — S'il était vrai qu'on ne pût organiser une procédure qu'avant le délit, vous vous mettriez dans l'impossibilité d'organiser jamais la Haute-Cour de Justice, et le crime de lèzenation, pour lequel elle est établie, resterait impuni.

Je sais que la personne des accusés est sacrée, que l'humanité et la justice nous ordonnent de ne rien faire qui puisse nuire à leur défense; mais je sais aussi qu'en ne fesant rien contre un accusé, vous devez tout faire

pour la tranquillité publique. Eh ! qui de
nous ignore qu'elle est à chaque instant com-
promise ; que sans cesse comprimés, les factieux
se relevent sans cesse ; qu'en ce moment encore ils s'agitent avec une fureur nouvelle ?
Mais, grâce à la surveillance du gouvernement
et à l'infatigable activité du ministre de la
police, leurs complots seront encore déjoués,
et les agitateurs seront punis.

Et qu'on ne vienne pas nous citer ici l'exemple de cet infâme tyran qui a couvert la France
de sang et d'échafauds, souiller cette tribune
de son nom à jamais exécré, et comparer notre
conduite à la sienne. Non, il n'est personne
ici qui ne meure plutôt que de souffrir, je
ne dis pas qu'aucun représentant, mais même
qu'un seul citoyen français périsse innocent,
par la précipitation avec laquelle vous lui aurez
faussement ou inconstitutionnellement appliqué la loi. Mais les précautions à prendre
pour empêcher que les innocens soient les
victimes de la haine, de l'erreur ou de la précipitation, ne doivent pas arrêter l'activité
qu'on doit mettre à poursuivre les conspirateurs. Sans doute, nous avons l'innocence à
garantir ; mais aussi, et ne le perdons jamais
de vue, nous avons à sauver la Constitution,
le gouvernement, la liberté, contre lesquels
on conspire de nouveau. Je sais que le Directoire ne s'endort pas, que le ministre de la
police a constamment les yeux ouverts : mais
le corps législatif doit veiller à son tour. Je

sais, et toute la France le sait avec moi, qu'il
ne rétablira jamais les tribunaux de sang ;
mais il doit prendre, et il prendra des mesures
telles que les factieux de tous genres soient
punis, et que les bons citoyens ne se voyent
pas de nouveau exposés au massacre et aux
pillages. J'appuie l'ajournement. — Adopté.

Séance du 7 thermidor.

ENFIN tous les esprits paraissent disposés,
et les orateurs, semblables aux athletes qui,
à l'entrée du cirque, se préviennent mutuel-
lement de leur genre d'escrime, annoncent les
intentions où ils sont de parler, les uns en
faveur du projet, les autres contre le projet ;
mais tous ne se disposent pas de la même
maniere, tous ne s'astreignent pas à un ordre
strict et dialectique ; les uns bornent leurs
discours à l'une des trois principales questions;
d'autres l'étendent à deux de ces questions ;
d'autres encore les embrassent toutes les trois ;
mais chacun dans son tribut apporte de solides
réflexions, marque de grandes connaissances
et répand de vives lumieres.

Lamarque obtient la parole pour combattre
les articles relatifs aux récusations déjà atta-
quées par lui dans une précédente séance. Il
résume en peu de mots les argumens qu'il a
produits alors pour obtenir l'ajournement, et
rapelle les réponses qui lui ont été faites par
Dumolard.

,, Si j'ai commis une erreur, dit-il, vous serez forcés de respecter mon guide : c'est la déclaration des droits ; elle ne permet pas qu'une loi, soit civile, soit criminelle, ait un effet rétroactif.

On a dit qu'il ne s'agissait pas d'une loi pénale. Sophisme véritable ! Si vous atténuez les moyens de défense de l'accusé, n'est-il pas évident que vous lui portez plus de préjudice, que si, en portant une peine plus rigoureuse, vous laissiez à ses moyens de défense la plus grande latitude ?

On a parlé de factieux et des circonstances actuelles : ce ne pouvait être un moyen de vous convaincre. Législateurs, vous ne fonderez point votre décision sur des faits particuliers, sur des circonstances fugitives, mais sur les principes immuables de la justice. Sans-doute il faut se souvenir de toutes les tyrannies ; il ne faut pas oublier celle exécrable de Robespierre ; mais il ne faut pas oublier davantage celle qui nous écrasait avant le 10 août. Je ne sais ; mais il me semble qu'on ne parle pas assez de cette derniere : l'ami sincere de la Constitution de 1795 n'oublie ni l'une ni l'autre. Ainsi, mes Collégues, au milieu des partis, vous prononcerez comme si vous étiez dans la plus profonde sécurité ; votre décision ne sera que le résultat d'une discussion calme et approfondie, et non le fruit de quelques déclamations, de quelques clameurs.

La loi qui vous est proposée est exactement

calquée sur les dispositions de celle du 23 août 1792, loi qui avait, qui devait avoir tous les caracteres révolutionnaires, loi rendue après le renversement du trône par l'Assemblée législative, dont les pouvoirs étaient anéantis par la Constitution de 1791, et qui appelait à lui succéder cette Convention nationale qui a fondé la République, et dont vous connaissez les succès, les malheurs et les travaux. J'ai lieu de m'étonner que sous le régime constitutionnel, on ait pris pour base d'une loi proposée, une loi précisément révolutionnaire.

La constitution ayant rétabli une Haute-Cour nationale, elle a décidé que l'instruction devrait y être suivie selon les lois régulieres précédemment existantes. La loi du 15 mai, que j'ai déjà citée, était de ce nombre ; elle était constitutionnelle : n'étant-point rapportée, elle devait être consultée ; s'en écarter, c'est aggraver la peine de l'accusé, et en décréter une plus forte, et postérieure à l'accusation.

Mais je veux bien abandonner les inductions que je pourrais avec raison tirer des lois précédentes ; et je dis seulement : Je ne m'oppose pas à la loi proposée parce qu'elle est contraire à la loi du 15 mai, mais parce qu'elle est injuste, et qu'elle n'est pas digne de vous.

Considérez un moment un accusé devant la Haute-Cour, au secret, transféré sans avoir pu communiquer avec ses parens, avec ses amis, obligé de récuser ses jurés dans 24 heures : Comment les connaîtra-t-il ? qui lui donnera les renseignemens dont il a besoin ? qui lui apprendra quel est le caractere , quelle a été la conduite de ces jurés envoyés de toutes les parties de la France , et qu'il n'aura jamais vus ? Comment saura-t-il s'il en est parmi eux quelques-uns dont la moralité soit suspecte ?

Le hasard peut le servir , je le sais ; mais le hasard peut le perdre ; vous ne pouvez lui abandonner le sort d'un accusé.

Le rapporteur à chargé le travail qu'il nous a fourni , de l'éloge de l'intégrité des jurés appelés à la Haute-Cour. Il a voulu vous rassurer et vous persuader que vous n'avez rien à craindre d'hommes élus par le Peuple.

Eh bien ; j'y consens : tous les jurés sont des hommes d'une probité non contestée ; mais s'en suit-il qu'ils soient tous également impartiaux , sans préjugés , sans passions , assez forts , assez justes , pour qu'il n'y ait aucun sujet de récusation ? non , nous ne pouvons l'espérer.

Je vais plus loin : nous voulons tous le bien du Peuple , et cependant , j'ose le dire , il n'en est pas un parmi nous qui ne soit récusable aux yeux de quelques citoyens de la République ? Pourquoi n'en serait-il pas de même des jurés ? En admettant cette vérité , vous devez prolonger le délai accordé pour la récusation non motivée.

Pastoret a elevé une réclamation dont la justice sera facilement sentie. Je lui laisse le

soin

soin de la développer de nouveau et d'en présenter la rédaction.

Je passe à l'article 11 et je vois que pour les récusations, même motivées, le projet de résolution n'accorde encore qu'un délai très-court.

Si la récusation non motivée, exercée dans les vingt-quatre heures, est illusoire, motivée et exercée dans vingt-quatre heures, elle est impossible moralement et physiquement. Dans ce délai, les premieres seraient une cruelle et vraie dérision, les secondes ne pourraient avoir lieu, ou si elles n'étaient pas impossibles, elles seraient infailliblement fort mal motivées, et rejetées par le tribunal.

Je connais trop la pureté des motifs qui ont déterminé la Commission, pour n'être pas convaincu qu'elle rectifiera elle-même son projet. . . . .

Je me résume, et en m'opposant à tout effet rétroactif de la loi ; en desirant que la loi soit égale pour tous ; que le représentant traduit devant la Haute-Cour ne soit pas traité plus défavorablement qu'un citoyen accusé devant un tribunal ordinaire ; je demande que les dispositions de la loi révolutionnaire du 23 août soient rapportées ; que celles de la loi du 15 mai soient maintenues, et qu'un délai de quinze jours soit accordé à l'accusé pour exercer ses récusations ; savoir, dix jours pour celles non-motivées et cinq jours pour celles motivées.

E

Pastoret. La partie la plus difficile de la législation criminelle, est sans doute celle des récusations. Les Peuples anciens ont eu, à cet égard, des codes très-variés ; les uns poussaient leur opinion jusqu'à prétendre qu'un accusé ne pouvait jamais être jugé malgré lui, et pouvait récuser tous ses juges ; c'était une exagération sans doute, et quoiqu'au premier coup d'œil ce principe paraisse peut-être juste, il ne soutient pas l'examen, et il est clair que son exécution mettrait sans cesse la société en péril, et le coupable à l'abri de la vengeance des lois.

D'autres Peuples ont eu une opinion contraire, et se sont élevés contre les récusations. Le premier des orateurs romains, Cicéron, s'élevait contre les récusations :

,, Je trouve, disait-il , que les récusations enlèvent à l'éloquence le plus beau de ses droits, et lui ravissent ses plus honorables triomphes! Avec les récusations, l'éloquence ne trouve plus de juge prévenu à ramener, de juge sévère à désarmer, de juge irrité à fléchir. ,,

C'était encore là de l'exagération ; et si ce sentiment, né peut-être de l'amour propre de l'orateur que je viens de citer, pouvait jamais être pardonné, ce ne serait que dans le cas où tous nos juges ressembleraient aux sénateurs romains, où tous nos défenseurs officieux auraient les talens de l'orateur qui sut désarmer César et sauver Ligarius.

Je pense qu'entre ces deux exagérations un juste milieu se présente.

La nation Anglaise, la seule qui se soit circonscrite dans des bornes équitables par rapport aux récusations, nous en offre l'exemple, et notre code pénal nous prescrit de le suivre ; la nation Anglaise a voulu que les récusations pour les délits ordinaires fussent de vingt jours, et de trente-cinq jours pour les délits relatifs à la sureté de l'État. Ainsi votre Commission ne s'est point rapprochée de ce principe. A la vérité elle propose de permettre trente récusations, au lieu de vingt autorisées dans les jugemens ordinaires; cela se rapproche un peu, puisqu'il y a un avantage pour l'accusé ; mais il n'y a pas compensation entre cet avantage et celui qu'enleve le trop court délai. D'ailleurs j'ai déjà démontré qu'en ne permettant la récusation que sur le tableau général, et non sur le tableau des noms sortis par le tirage, vous traitiez l'accusé plus défavorablement que ne le permet le code pénal pour les délits ordinaires. Ce n'est pas pour être plus séveres, sans doute, que vous dérogerez aux lois existantes ; je n'insiste pas davantage sur ce point.

Il est encore d'autres articles sur lesquels je dois présenter quelques observations. Le premier est celui qui veut que les récusations se fassent avant le tirage au sort ; mais je crois qu'il est de toute justice de *ne faire ces récusations qu'après le tirage des jurés*.........

Un autre article porte que les accusateurs

nationaux seront tenus de motiver dans tous les cas leurs récusations ; mais si l'humanité vous prescrit des égards envers les accusés , vous en devez aussi à l'intérêt de la société , qui s'explique par l'organe des accusateurs nationaux. Ainsi je voudrais que les accusateurs nationaux eussent , ainsi que les accusés, la faculté de ne pas motiver leurs récusations.

Je viens aux observations de Lamarque , relatives aux délais accordés pour les récusations ; il est certain que la loi du 15 mai 1791 donne aux accusés quinze jours ; il est certain que le Comité de constitution avait proposé de se borner à 8 jours, mais que l'Assemblée constituante , allant au-delà du vœu de son Comité , en adopta quinze. Devons - nous maintenir cette loi ?...... Lamarque réclame les droits de l'homme : personne ne les respecte plus que moi ; mais il ne s'agit pas d'effet rétroactif , puisque la loi du 15 mai n'existe plus. Il y a une grande différence entre la Haute-Cour nationale , et la Haute-Cour de Justice. La premiere avait été organisée pour juger les nombreux délits dont l'accusation appartenait au Corps législatif. Son organisation était fondée sur le pacte social qui régissait alors les Français ; mais ce pacte ayant été changé , l'organisation de la Haute-Cour a dû changer aussi ; vous n'êtes nullement tenus de vous conformer aux lois suivant lesquelles la premiere a été organisée. Aujourd'hui , c'est un tribunal nouveau ; une loi nouvelle d'organisation est nécessaire : vous pouvez consulter les lois anciennes ; mais elles ne peuvent pas vous enchaîner.

Cependant je n'adopte point le délai proposé par la Commission ; il est évidemment trop court, sur-tout si vous décidez que les jugemens de la Haute-Cour ne seront point sujets à cassation. Vous sentirez alors combien il faut donner de latitude aux moyens de défense d'un accusé qui n'a pas l'espoir d'interjetter appel de son jugement. *Je demande donc qu'il soit accordé un délai de trois jours pour présenter les motifs de récusation.*

Le rapporteur (*Soulignac*) observe qu'il est vrai que la loi du 15 mai 1791 accordait aux accusés quinze jours ; mais que cette loi a été abrogée par la loi postérieure du 25 août 1792 qui fixait le délai à vingt-quatre heures : ensorte, dit-il, que votre Commission a cru devoir, d'après les lois existantes, vous proposer le même délai. C'est au Conseil à prononcer entre la loi du 15 mai 1791, et celle du 23 août 1792.

Le président met aux voix le premier amendement de Pastoret, portant que *les récusations se feront après le tirage des jurés*, et cet amendement est adopté.

On réclame la mise aux voix de son second amendement, concernant le délai de trois jours pour les récusations.

Quelques membres veulent que les dix jours obtiennent la priorité.

Eudes. Il n'est personne ici qui veuille refuser aux accusés le tems qui leur est nécessaire pour faire leurs récusations ; mais aussi il n'est pas dans votre intention de perpétuer la Haute-Cour. La liste des jurés est imprimée : les accusés peuvent la consulter d'avance ; ainsi *je propose le délai de cinq jours*. Vous avez à choisir entre un délai de dix jours et un de trois jours.

Lamarque réduit alors sa proposition : *Il y aura cinq jours pour les récusations motivées, et cinq jours pour les récusations non-motivées.*

Cette proposition est adoptée.

Pastoret reproduit, pour être mis aux voix, son amendement, tendant à accorder aux accusateurs nationaux le droit de ne pas motiver leurs récusations.

Dumolard. La proposition est délicate. Je conçois pourquoi les accusés ont le droit de récuser sans expliquer leurs motifs ; mais je ne vois pas pourquoi les accusateurs nationaux auraient la même faculté. Les jurés sont pris dans tous les départemens, ils doivent avoir la confiance de la société dont les accusateurs nationaux sont les organes. *Je demande que ces jurés ne puissent être récusés sans motifs par les accusateurs publics.*

Pastoret. Si l'humanité parle en faveur de l'accusé, la politique réclame aussi en faveur de la société.....

Duprat. Je viens appuyer l'amendement de Pastoret. Ne devez-vous rien faire pour la tranquillité publique? N'est-il pas possible que parmi les jurés il y en ait qui ne doivent leur élection qu'à l'intrigue?.....

Le Conseil rejette l'amendement de Pastoret, et adopte les articles du premier titre du projet.

La discussion s'établit sur l'article 12 qui donne aux accusateurs nationaux le droit de récuser des jurés, mais en motivant ces récusations.

Cet article jette des doutes dans l'esprit de Dumolard.

Dumolard. Je connais comment on peut donner ce droit à des accusateurs publics près des tribunaux; mais devez-vous l'étendre à ceux de la Haute-Cour? Songez qu'il serait exercé sur des jurés élus par le Peuple, par des hommes sortis du tribunal de cassation. — Si l'humanité commande de respecter les droits de la société, répond à cela Pastoret, la société a des droits aussi qu'il faut respecter. L'accusateur public est le vengeur et l'organe de la société; mais, dit-on, les jurés de la Haute-Cour ont un caractere que n'ont pas ceux des autres tribunaux; ils sont élus par le Peuple. Assurément je respecte ce titre , je n'en connais pas de plus respectable ; mais le Peuple doit-il avoir une garantie ?

Il a ses jurés , *disent plusieurs membres.*

De toutes parts on demande la question préalable sur l'article. Duprat insiste sur la proposition de Pastoret. Il faut beaucoup faire pour l'accusé, dit-il; mais ne faut-il donc rien faire pour la tranquillité publique , pour la sureté de l'État ?.....

Le Conseil arrête :

,, Que les accusateurs publics n'auront pas le droit de récuser sans motifs. ,,

Divers articles relatifs à l'audition des témoins sont unanimement adoptés. Un bien essentiel , sur la proposition de Dumolard :

,, Accorde aux accusés un délai de cinq jours pour appeler les témoins qu'ils desireront faire entendre.

Séance du 8 thermidor.

LA grande question , celle de la voie de l'appel, ou , pour mieux dire , celle du recours en cassation contre les jugemens de la Haute-Cour, est généralement abordée. Les orateurs s'annoncent , savoir ; pour l'affirmative , les citoyens Talot , Madier , Villetard , Oudot, Lamarque , Lecointe , Louvet , Chazal , Mathieu, Eschassériaux.aîné , Réal , Siméon ; et pour la négative, les citoyens Byon , Pastoret, Duprat,

Dumolard, Félix Faucon, Delleville, Lemérer, Jourdan (des Bouches du Rhône), Mailhe, Salomon, Crassous, Hermann, Chénier. La question est indéfiniment ajournée : tout ce qui l'embrasse a été refondu dans les discours préparés de plusieurs orateurs qui, jusque-là, n'avaient fait qu'improviser.

Séance du 9 thermidor.

Talot. Représentans du Peuple, la discussion solennelle qui eut lieu hier, et que vous avez sagement ajournée à aujourd'hui, présente la plus haute question de droit public qui ait encore été agitée parmi nous.

De la maniere dont nous allons la résoudre dépend la consolidation ou l'anéantissement de la liberté publique. . . . .

Je suis bien convaincu que la résolution que vous allez prendre sera le triomphe d'un grand principe. Aucun des orateurs ne vous l'a présenté hier, je me hâte de vous l'offrir aujourd'hui.

D'abord je demande quelles sont les attributions du Tribunal de cassation, et à quelles fins il est établi ?

La réponse est facile, et tout le monde peut la faire.

Il ne peut rien sur le fond des procès ; mais il est uniquement chargé de prononcer sur la violation, sur le rétablissement des formes prescrites et voulues par les lois, lorsqu'elles ont été oubliées ou méconnues par les tribunaux.

Voyons maintenant si la Haute-Cour de Justice est exceptée, par la Constitution, de la regle établie pour les autres tribunaux.

En vain plusieurs orateurs ont cherché à vous le démontrer hier.

Je leur observe que la Constitution n'a rien prononcé à cet égard, et qu'ils ne peuvent interpréter son silence en faveur de leur opinion.

Je dirai plus, c'est que si la Constitution eût voulu excepter la Haute-Cour de Justice de l'attribution que le tribunal de cassation a envers les autres tribunaux, elle l'eût dit formellement; parce qu'une pareille exception ne peut se suppléer; elle devait être nommément exprimée par l'acte constitutionnel : or il ne l'a point faite, donc la Haute-Cour de Justice est dans la même cathégorie que les autres tribunaux à cet égard.

Mais pouvez-vous et devez-vous prononcer une exception en faveur de la Haute-Cour de justice ?

Pastoret est pour l'affirmative, et pour appuyer son opinion, entre autres choses il vous a dit :

Que la Haute-Cour n'étant créée que pour juger des représentans du Peuple et des membres du gouvernement, on ne pouvait l'assimiler aux tribunaux ordinaires.

A cela je réponds que c'est précisément

parce qu'elle a de grands devoirs, de pénibles
fonctions à remplir, qu'il faut la garantir,
autant que possible, de toutes les séductions,
de tout arbitraire, en lùi montrant un régulateur qui est là pour l'observer.

» Mais, a ajouté l'orateur, les juges qui
composent cette Haute-Cour sont élus par le
Peuple ; ils offrent conséquemment autant de
confiance que de lumieres. »

Certes, personne plùs que moi ne respecte
et n'honore le choix du Peuple.

Mais, pour se faire un tel moyen, Pastoret
a-t-il donc oublié que les magistrats qui
composent les autres tribunaux, sont aussi
le choix du Peuple, et que cependant leurs
jugemens sont susceptibles de la révision au
Tribunal de cassation ?

L'orateur ne sait-il pas que les juges qui
composent la Haute-Cour de Justice sont aussi
des hommes, conséquemment sujets aux
mêmes faiblesses, aux mêmes erreurs, aux
mêmes préventions, que ceux qui composent
les autres tribunaux ?

Représentans du Peuple, la meilleure éducation qu'on puisse donner à l'homme est sans
contredit l'éducation des codes. Je n'ai jamais
reçu que celle-là, mais j'en ai fait mon profit,
et elle m'a prouvé plusieurs fois que rien
n'était plus incertain que ce qui était au
pouvoir des hommes.

De cette vérité découle la conséquence que
si vous avez senti la nécessité d'établir des

formes conservatrices dont les tribunaux ne
peuvent s'écarter en jugement, vous devez
établir une autorité qui veille à la conserva-
tion, à l'exécution de ces formes, sans quoi
elles deviennent illusoires et nulles pour les
prévenus.

,, Mais a-t-on dit, n'y a-t-il pas deux commissaires nationaux près la Haute-Cour de
Justice pour réclamer l'exécution de la loi ? ,,

D'accord ; il y en a aussi près des autres
tribunaux.

Mais qu'importe que ces commissaires aient
ce droit, qu'ils l'exercent même avec force ?
Si ce qui est dans l'ordre des choses possibles
arrivait, et si la loi était violée, à qui pourraient-
ils s'en plaindre ?

Répondez, je vous prie.

,, Mais, s'est écrié l'orateur dans un moment
d'enthousiasme qui fait l'éloge de son cœur,
pouvez-vous penser que des juges soient les
assassins, les bourreaux de leurs concitoyens ?.... ,,

J'avoue qu'une pensée aussi affligeante
résiste à une ame sensible et pure.

Mais nous sommes encore loin de former
un Peuple de philosophes ; et malheureusement
les leçons horribles du passé ne nous prouvent que trop qu'on ne peut envelopper de
trop de formes le terrible droit de juger ses
concitoyens, de prononcer sur leur honneur,
sur leur vie.... Ah ! si l'on ne se fût jamais
écarté de ces formes sacrées, combien de ver-

tueux collegues siégeraient encore parmi nous,
et contribueraient par leurs talens et leurs lumieres à-cicatriser les plaies profondes et nom-
breuses qui affligent et font souffrir la
République !...

Citoyens collegues, en matiere de conjura-
tion, il n'est pas donné à tous les hommes
d'y voir toujours bien clair.... Au nom de
l'humanité, de la liberté, profitons de l'expérience !... Qu'elle ne soit perdue ni pour
nous ni pour nos successeurs !

On a beaucoup parlé, dans cette discussion
des égards dus aux prévenus, de la latitude
qu'on devait donner à leur défense ; mais à
quoi leur servira tout cela, si vous ne leur
garantissez pas les formes protectrices établies
par les lois, et si vous n'investissez aucune
autorité du droit de les faire observer si elles
sont violées ?

,, Il faudra donc recommencer la composition d'une autre Haute-Cour, si la premiere
vient à mal procéder, a-t-on encore dit ; et
dans quels embarras vous vous jetteriez !

A cela la réponse est encore facile. Eh
quoi ! pourrait-on mettre en balance la peine
de convoquer une Haute-Cour de justice et
le plaisir de sauver un innocent ?

Représentans, il faut 25 ans au moins,
pour faire un homme : l'oubli d'une forma-
lité peut le ravir à la vie, à sa famille, à la
société. La mort d'un citoyen est une calamité
publique.

Les militaires s'élancent dans la carriere et affrontent le trépas avec courage, parce qu'ils savent qu'ils courent à une mort glorieuse et utile : ils savent que leurs parens, leurs amis, couvriront leurs tombes de palmes et de fleurs, et que la postérité honorera leur mémoire.

Mais, en est-il ainsi des Représentans du Peuple qui jettent les premiers fondemens d'une République à travers les orages et les ébranlemens révolutionnaires, entourés de piéges, de séductions; circonvenus, trompés, trahis en tous sens, et encore abreuvés de dégoûts, de calomnies, par ceux-même dont l'existence dépend de la leur, et qui préferent le vil métier d'empoisonner l'opinion publique à la mission auguste de seconder leurs pénibles travaux, d'élever la morale publique et de répandre un baume consolateur sur les maux inséparables d'une grande révolution ?...

En est-il ainsi des membres d'un gouvernement naissant, dont le berceau est entouré du spectre hideux et assassin du royalisme, et du monstre dévorant de l'anarchie ?...

Ces deux tableaux ne peuvent se comparer.

Le premier présente un héros, le front ceint de lauriers, mourant pour la Patrie.

Le second, au contraire, nous montre le représentant du Peuple allant à l'échafaud, souvent conduit par une faction, et accompagné des malédictions du Peuple qu'il a courageusement et fidellement servi ; et, pour comble d'infortune , il laisse une famille proscrite , et son nom passe flétri à la postérité.

Ah ! Citoyens, il n'est pas donné à tous les hommes, ce généreux dévouement de braver la mort humiliante et inutile !

Au contraire, la gloire et l'honneur furent toujours les idoles chéries des Français ; mais, dans tous les tems, dans tous les gouvernemens, chez tous les Peuples , la mort réservée aux scélérats fut en horreur à l'homme vertueux . . . .

De-là je conclus que si vous voulez maintenir la liberté publique , la liberté et la sureté individuelle , vous devez établir la plus grande, la plus forte garantie envers les membres de la représentation nationale et du gouvernement ; sans quoi, je vous le prédis , les ennemis de la République , tant extérieurs qu'intérieurs, feront tous leurs efforts pour envelopper de tems à autre quelqu'un de vous dans des conjurations.

Enfin , en derniere analyse, je demanderai par quelle fatalité le sort d'un représentant du Peuple serait pire que celui des autres citoyens , qui peuvent, en pareil cas , se pourvoir au Tribunal de cassation ; je demanderai pourquoi ceux qui jouissent du triste privilége d'accompagner un représentant à la Haute-Cour de Justice , ne pourront jouir du droit que leur accorde la loi s'ils étaient traduits à un tribunal ordinaire.

On ne pourrait répondre à ces justes inter-
pellations que par un déni de justice ; et,
certes, aucun de vous n'est capable d'une
telle réponse.

En me résumant, je soutiens 1° que les
jugemens de la Haute-Cour de Justice sont
susceptibles d'être revisés par le Tribunal de
cassation ;

2° Que la Constitution ne s'y oppose pas,
qu'au contraire, ne portant pas une exception
formelle à cet égard, on ne peut interpréter son
silence, et en inférer que la Haute-Cour de
Justice est indépendante.

3°. Les juges qui la composent, étant
hommes, sont sujets aux mêmes faiblesses,
aux mêmes erreurs, aux mêmes préventions
que les autres juges ; vous devez les soumettre
aux mêmes regles.

4°. La liberté publique et la garantie de
la représentation nationale dépendent de cette
mesure salutaire.

5°. Enfin le Tribunal de cassation par sa
nature étant institué pour garantir et maintenir les formes établies par la loi en faveur
des citoyens, il serait étrange que cette faveur
fût refusée aux représentans du Peuple et aux
membres du gouvernement, tandis que par
leurs fonctions ils sont exposés à tous les
dangers de la séduction, de la malveillance,
et aux dégoûts de la plus noire comme de la
plus atroce calomnie.

D'après ces considérations, je vote pour
que

que les jugemens de la Haute-Cour soient susceptibles de révision par le Tribunal de cassation.

Dumolard reproduit un raisonnement de Pastoret, relatif aux avantages accordés par la loi aux accusés devant la Haute-Cour ; à l'objection plus sérieuse qu'on prive les co-accusés d'un droit qu'ils n'auraient pas perdu devant les tribunaux ordinaires , il répond que leur sort est fixé par une loi bien antérieure au délit et à la convocation de la Haute-Cour, loi qu'on ne peut taxer de rétroactivité , rendue en germinal dernier et qui porte en thèse générale que les accusés d'un même délit seront traduits devant le même tribunal.

Il vote pour l'adoption de l'article du projet.

Louvet. Je vais tâcher de répondre aux objections qui viennent d'être faites ; il y en a cinq principales, si je ne me trompe. On a dit que le Tribunal de cassation ne pouvait être appelé à prononcer sur le fond ; nous le croyons tous, et personne ne réclame le recours à ce tribunal, que dans les cas déterminés positivement par la Constitution , pour les tribunaux ordinaires , c'est-à-dire lorsque les formes sont violées , ou la loi faussement appliquée.

Ma réponse, à cet égard, doit servir à cette seconde objection, que le Corps légis-latif déjà accusateur, pourrait être, en certaine

circonstance, appelé à prononcer sur le fond,
et deviendrait ainsi juge et partie. Il est évident
qu'il ne prononcerait pas plus que le Tribunal de cassation sur le jugement au fond,
mais seulement sur la violation des formes
et la fausse application de la loi. Mais comme
la Constitution n'a pas ordonné textuelle-
ment qu'il pourrait y avoir recours en cassation,
on en infere qu'elle a défendu ce recours ;
il me semble vrai de dire, au contraire, que
tout ce qu'elle ne défend pas, elle le permet,
et que le Corps législatif est autorisé à
décréter ce qu'elle n'a pas prévu, pourvu
que ses décrets ne blessent jamais, ni la
lettre, ni l'esprit de la Constitution.

Comment ! la Haute-Cour de Justice pourrait reviser les actes du Corps législatif qui
aura fait l'accusation ? Non certes, personne
ne le propose. Il n'est question que de rappeler la Haute-Cour, et la Haute-Cour seule,
à l'observation des formes qu'elle aurait
violées.

On prétend que les accusés devant la
Haute-Cour ont, sur tous les autres, une bien
précieuse faveur, celle d'obtenir pour jurés
les élus de tous les Départemens. J'avoue que
ceci me surprend un peu. Je suis loin de croire
qu'il soit avantageux à un habitant du nord,
par exemple, d'avoir à se défendre devant
des jurés venus des quarante départemens
méridionaux. Quant à moi, si j'étais accusé,
j'aimerais mieux cent fois avoir pour jurés

les hommes de mon département qui auraient
pu me suivre dans tous les détails de ma vie
privée, et apprécier ma moralité, que d'avoir
à me justifier devant des étrangers qui, ne
me connaissant nullement, seraient plus
exposés à céder, sans s'en apercevoir, à des
suggestions ennemies.

Il faudra donc assembler de nouveaux
juges ? a-t-on dit. C'est un inconvénient
sans doute ; mais quel est, je vous prie,
l'inconvénient le plus grave ? ou qu'à la
place des juges qui auraient prévariqué,
même sans le vouloir, de nouveaux juges
soient assemblés ; ou qu'un homme condamné par une fausse application de la loi, et
par l'omission des formes protectrices de
l'innocence, soit envoyé à l'échafaud?...

Mes collegues, il n'est rien de plus respectable que le malheur, rien de plus digne d'intérêt que la personne d'un accusé. Un prévenu tant que le Jury ne l'a pas déclaré
coupable, est présumé innocent ; et le devoir
du législateur est de faire des lois telles que,
dût le crime même échapper quelquefois,
l'innocence ne puisse succomber jamais.
Voilà les maximes reconnues par tous les
publicistes philosophes, consacrées par la
justice de tous les peuples libres ; maximes
d'humanité sainte, qu'il ne faut pas seulement proférer solennellement, mais qu'on
doit aussi se hâter de mettre en pratique,
surtout après ces tems de subversion générale,

où , en matiere criminelle principalement, la morale du Peuple a été si cruellement dépravée.

Considérez qu'il ne s'agit pas seulement de la vie de quelques individus; il y va de la liberté publique dans le poste périlleux que vous occupez, ainsi que ceux qui gouvernent. Comment remplir scrupuleusement vos devoirs sans amasser sur vos têtes une masse énorme d'inimitiés ? Les jurés venus des départemens seront-ils également inaccessibles à toute passion ? n'auront-ils jamais été élus dans ces tems de troubles, qui laissent au cœur de profonds ressentimens ? ce sont les députés du Peuple et les dépositaires de la puissance exécutive qui sont appelés à juger; et si l'ivresse d'un pouvoir terrible s'emparait d'eux, s'ils confondaient ses abus avec son exercice, s'ils méconnaissaient les formes tutélaires ; s'ils se mettaient au dessus des lois, aucune autorité n'aurait le pouvoir de les y rappeler ? songez, y, mes collegues, qu'il est question de la garantie de la représentation nationale et du gouvernement, qu'il faut bien se garder d'affaiblir, parce que le premier soin des factions est de conspirer contre elle.

Représentans du Peuple, je n'ajoute qu'un mot. Jusqu'au 10 mars 93 , on proposa l'établissement de ce tribunal qui coûta depuis tant de larmes à la patrie ; ce qui frappa surtout d'étonnement ceux qui défendaient les principes , ce fut qu'on voulût dégager ces juges de toute espece de surveillance , et qu'on proposât d'abolir tout recours en cassation. Alors vous eussiez vu Guadet, Vergniaux, Gensonné se précipiter à la tribune : vous eussiez entendu Lanjuinais prononcer ces paroles courageuses : ,, Quel est cet odieux tribunal qui pourra, si bon lui semble, refuser un défenseur à l'accusé, repousser les témoins à décharge, et fermer les débats selon ses caprices, sans qu'aucun pouvoir puisse le contenir dans les bornes de la justice ; et quels peuvent être les desseins de ceux qui proposent de l'investir d'une aussi terrible autorité ? ,, Hélas nos malheureux amis ne furent pas crus ; et vous savez quels flots de sang ont inondé la République.

Représentans, les circonstances peuvent changer ; quelques hommes peuvent changer avec elles, mais les principes ne changent pas.

Je demande la question préalable sur l'article de la Commission.

Félix Faucon. Citoyens, en me présentant à cette tribune pour appuyer l'article proposé par la Commission, je ne reproduirai point plusieurs des moyens déjà allégués, et qui découlent naturellement, soit de la sage lenteur des formalités prescrites par l'acte constitutionnelle, soit du silence de la Constitution, lequel, dans les circonstances devient une prohibition présumée, soit enfin du choix des jurés et des juges, qui émanent de la même

source que la représentation nationale elle-
même.

Sans doute ces moyens sont puissans , mais
puisqu'on parle en faveur de citoyens accusés ,
(Eh ! plût au Ciel qu'on eût montré toujours
cette active et prévoyante sollicitude !) loin
de moi l'idée de blesser en rien tous ceux de
leurs intérêts qui ne sont pas contraires à
l'intérêt général ! les droits des accusés , ces
droits si long-tems méconnus, sont sacrés
pour moi. Je me représente avec horreur les
nombreux désastres que l'oubli qu'on en a
fait a versés sur ma patrie (1) ; hélas ! et je
n'ai pas besoin de tourner mes regards vers
des familles étrangeres pour m'en retracer la
déplorable image.

Oui, je le répete , je serai toujours le défenseur des droits légitimes des accusés , c'est-à-
dire, de ceux qu'ils peuvent exercer sans nuire
aux droits de tous. Je m'explique et je dis :
sans doute ceux de nos collegues qui combattent l'opinion de la Commission, ne veulent
pas que les délits des factieux , qui ont
conspiré ou qui conspireront contre la République , demeurent impunis.

Je les prie donc de laisser de côté tous les
moyens de faveur que nous sentons comme
eux , et de vouloir bien nous expliquer
comment ils entendent que les conspirateurs

____

(1) Les Fêtes qu'on fait au moment même en rappellent
avec force le souvenir. (On célébre le 9 Thermidor, anni-
versaire de la chûte du tyran Robespierre.)

actuels ou futurs pourraient être punis, si on admettait ce qu'ils invoquent, c'est-à-dire, l'appel des jugemens de la Haute-Cour de Justice devant le Tribunal de cassation.

Qu'ils trouvent un moyen facile et même possible d'organiser cet appel, sans jeter des difficultés inextricables sur le jugement des affaires importantes qui exigent la formation de la Haute-Cour ; dès lors nous nous rangerons de leur avis, malgré la foule d'autres motifs que nous pourrions leur opposer ; s'ils ne le trouvent pas, ils doivent se ranger du nôtre.

Voyons maintenant si le mode qu'ils proposent est ou n'est pas susceptible de ces difficultés.

D'abord il est de toute évidence, attendu la faculté des récusations accordées tant aux accusés qu'aux accusateurs publics, que le nombre des hauts-jurés ne peut fournir qu'une fois le service de la Haute-Cour ; d'où il suit attendu encore l'impossibilité de réunir les assemblées électorales, qu'il faudrait prolonger l'époque du jugement jusqu'aux élections de l'année suivante ; ce qui serait à la fois, vis-à-vis les innocens une iniquité criante, et vis-à-vis les coupables un déni de justice fait à la Patrie.

Je n'ai parlé jusqu'ici que des hauts-jurés ; mais quels seront les juges qui formeront la nouvelle Haute-Cour de Justice ? Nous ne pouvons pas, d'après l'acte constitutionnel, les prendre ailleurs que dans le Tribunal de cassation ; mais les convenances, ainsi que tous les principes reçus, n'interdisent-ils pas formellement aux juges qui ont cassé un jugement d'être eux-mêmes les instrumens d'un autre jugement sur la même affaire ?

Je veux bien supposer pour un moment qu'il soit possible de faire le triage des juges de maniere qu'on en réserve, par anticipation, une portion quelconque, qui ne connaîtrait pas de la demande en cassation, et qui sera destinée pour former le nouveau tribunal de la Haute-Cour. .

Mais en laissant de côté toutes les objections puissantes que je pourrais présenter à cet égard, je demande ce qui arrivera dans la possibilité de la cassation d'un nouveau jugement. Devra-t-on encore attendre l'époque des Assemblées électorales, tant pour la composition nouvelle du Haut-Jury, que pour le renouvellement partiel du Tribunal de cassation.

Il faudra donc lorsqu'il y aura plusieurs co-accusés, que ceux des représentans du Peuple, ou des membres du Directoire, qui auront été déclarés innocens, (car j'embrasse ici l'avenir comme le présent,) attendent dans les fers les chances douloureuses d'une décision interminable ?

Il faudra encore que les accusés, quoique même déclarés tous innocens, restent aussi dans les fers, s'il plaît aux accusateurs natio-

naux d'interjeter une demande en cassation.
Car sans doute (1), vous voudriez bien et
vous ne pourriez pas vous empêcher de vouloir que les magistrats chargés du ministere public eussent à la charge des accusés les mêmes
droits que les accusés eux-mêmes auraient
à leur décharge. Or, voyez quelle immense
latitude de pouvoir vous donneriez à ces
accusateurs nationaux, qui pourraient, pour
ainsi dire, balloter à leur gré la destinée des
accusés, même reconnus innocens.

Je conçois fort bien que les formes de
l'appel seraient utiles aux coupables par les
longueurs infinissables qu'elles entraîneraient;
mais en vérité, je ne conçois pas qu'on puisse
invoquer les droits de l'innocence pour auto-
riser cet appel, puisque l'innocence y a
beaucoup à perdre, et à peu près rien à
gagner.

Je prie ceux qui combattent l'opinion de
la Commission, de vouloir bien répondre
d'une maniere précise et satisfesante aux
raisonnemens divers que je viens de faire ;
je les prie surtout de présenter à côté de l'appel
qu'ils sollicitent, un moyen possible d'arriver
au dénouement des affaires qui seront portées
à la Haute-Cour de Justice.

Quant à moi, je pense que tous les modes
d'appel, outre qu'ils s'écartent des intentions
présumées de la Constitution, ne peuvent

____

(1) Ce n'est pas une loi révolutionnaire que vous voulez
faire ?...

tendre qu'à éterniser à l'infini les jugemens
de la Haute-Cour, et qu'ainsi ils ne peuvent
jamais se concilier, ni avec les intérêts de ceux
des accusés qui sont ou seront innocens, ni
avec les intérêts de la chose publique, que
nous devons aussi respecter, ni avec les
maximes bien entendues de la justice, qui
n'existent réellement que là où l'innocence
accusée est promptement justifiée, et le crime
toujours puni.

J'appuie l'article proposé par la Commission. — Ajourné.

Delleville. La réjection de l'article proposé
par la Commission transformerait le Tribunal de cassation en juge du fond, après l'avoir
été de la forme, ce qui serait contraire à l'esprit
et à la lettre de la Constitution.

Sans doute si Marat, Robespierre et leurs
sectateurs, qui ne sont pas tous morts, pouvaient empoigner de nouveau les débris de la
fortune publique échappés à leur voracité et
ressaisir ce qui reste de vrais patriotes sauvés
des exterminations prétendues patriotiques,
ces monstres redresseraient bientôt la guillo-
tine et les tribunaux de sang : mais faut-il
conclure que l'admission de l'article produi-
rait ce que feraient les monstres dont je n'ose
répéter les noms ? Comparer la Haute-Cour
de Justice avec les échafauds de Robespierre,
les bateaux à soupape de Carrier, la guillo-
tine de Marat, &c., n'est-ce pas vouloir

assimiler le gouvernement à l'anarchie, la république à la démagogie, le jour avec la nuit ? (*Cela est vrai*, s'écrie-t-on.) Je conclus pour l'admission de l'article.

Madier. Je me propose de parler contre le projet de la Commission. Je regarde la Haute-Cour de Justice comme un véritable tribunal ; et je soutiens que ce serait violer la Constitution que de ne pas soumettre ses jugemens à la révision.

Thibaudeau et plusieurs autres orateurs parlent en différens sens ; mais ils ne font qu'improviser, et le Conseil ajourne.

Byon. J'appuie l'avis de la Commission, par ce raisonnement : si le premier jugement de la Haute-Cour était susceptible de cassation, pour former une seconde Haute-Cour, il faudrait tirer cinq nouveaux juges du tribunal de cassation ; ceux-ci ne seraient pas plus infaillibles que les premiers, et il serait impossible de savoir où s'arrêterait une telle faculté de recourir en cassation. La Constitution n'a pas voulu que ce recours fût permis ; elle l'a ordonné pour les tribunaux ordinaires. Si telle eût été son intention pour les crimes dont la Haute-Cour doit connaître, elle l'eût prononcé également.

Lecointe. Une chose me frappe : il paraît qu'on serait d'accord sur le principe, si l'exécution était facile.

Examinons quels seraient les dangers d'une résolution par laquelle ces principes seraient reconnus ? On semble regarder comme impossible que des juges pris dans le Tribunal de cassation commettent quelque infraction aux lois existantes ; mais ces juges, après une longue révolution, sont-ils plus exempts que les autres citoyens de passion et d'esprit de parti ? Or, s'ils écoutaient plutôt la voix de leurs passions que celle de leur devoir et de la justice ; s'ils violaient toutes les lois et toutes les formes, que feriez-vous, après leur avoir donné le droit de juger sans appel ?

Ah ! n'envisageons pas une circonstance particuliere, et que le passé nous serve de leçon. Souvenons-nous de ce tribunal trop fameux au-dessus duquel on ne plaça aucune autorité protectrice de l'innocence. Dès son institution, l'artère politique fut ouverte, la représentation nationale indignement décimée, et les citoyens envoyés par milliers à l'échafaud. Nous ne sommes pas encore très loin du tems déplorable qui éclaira tant de forfaits, pouvons-nous l'avoir oublié ?

Citoyens, pensez-y bien : est-il dans votre pouvoir de traiter un représentant du Peuple plus défavorablement que les autres citoyens.

Est-il de votre pouvoir d'enlever à ses co-accusés, justiciables des tribunaux ordinaires, un droit qu'ils ne peuvent perdre, puisque ce n'est que la co-accusation qui les traduit devant la Haute-Cour ? ... A la solution de

ces questions sont attachés de trop grands
intérêts pour que vous preniez un parti sur le
champ : je demande l'ajournement à demain.

Duprat. Byon m'a paru apporter un raisonnement décisif. Il est bien évident pour
moi, que si l'intention des constituans eût
été de donner le recours en cassation, l'acte
constitutionnel en porterait la disposition
formelle.

Mais, j'admets ce recours en cassation ;
devant qui sera portée la demande ? devant
le Tribunal de cassation, sans doute, et cependant ce Tribunal est inférieur à la Haute-
Cour...... (*Non*, *non*, disent plusieurs
membres.)

Daignez peser les observations suivantes
contre la faculté qu'on vous propose
d'accorder :

L'accusé récuse trente jurés sans motifs,
ensuite quinze avec motifs ; les accusateurs
nationaux en récusent quinze autres ; il est
évident qu'il ne reste que vingt jurés et les
adjoints. Eh bien ! cassez le jugement rendu
sur la déclaration de ces jurés, et il n'y en
a plus d'autres ; il n'y a plus de liste à employer,
si ce n'est en convoquant les assemblées
primaires, ou en attendant que les élections
prochaines donnent un second Jury.

Vous voyez l'impossibilité du recours en
cassation.

Je vote pour l'article.

Lamarque. Je n'avais pas prévu cette derniere objection, je l'eusse dédaignée ; elle se
réduit à ceci : supposons que la loi ait été
évidemment et formellement violée, qu'on ait
refusé à l'accusé l'exercice d'un droit accordé
par la loi. . . . . .

Quelques membres : Mais cela ne se peut pas.

Lamarque. Cela est possible ; on peut avoir
violé et mal appliqué la loi ; alors oserez-vous
dire à un citoyen condamné : Le tribunal a prononcé. . . . . meurs ?. . . . — Mais, s'écriera-
t-il, je demande d'autres juges. — Pouvez-
vous lui répondre . . . . . meurs ?. . . . — Je
demande, s'écriera-t-il encore, qu'on m'admette à prouver que les formes ont été violées,
qu'on a appliqué injustement la loi. — Répon-
drez-vous. . . . . meurs, ... nous n'avons pas de
juges qui puissent t'entendre ? — Cette idée
vous révolte, Citoyens.

Ce mouvement me conduit à invoquer de
nouveau la Déclaration des droits, qui veut
que la loi soit égale pour tous. Le serait-elle
si vous priviez un accusé du droit commun
à tous les citoyens ? Ce n'est pas seulement
l'oubli des formes, mais la fausse application
de la loi, qu'ici vous devez craindre.

On a dit que la Constitution ne parlait
pas de la faculté que je réclame pour l'accusé ;
son silence est en faveur de ce dernier. Elle
a posé des principes certains ; c'est à vous à
en trouver les véritables conséquences ; et

d'ailleurs elle dit beaucoup plus qu'on ne pense en s'exprimant ainsi :

,, Il y a un Tribunal de cassation *pour toute la République.* ,,

Si le droit de révision accordé à ce Tribunal s'étend sur tous les tribunaux, la révision est de mon côté; car on ne dira pas que la Haute-Cour n'est pas un tribunal.

Elle l'est tellement, que demain elle peut être composée d'hommes qui aujourd'hui appartiennent à des tribunaux ordinaires. Ses élémens, les principes de son institution sont les mêmes, et elle n'offre pas plus que les autres des principes de son infaillibilité.

Il est donc de la derniere évidence qu'il faut prendre, contre ses erreurs possibles, les mêmes précautions que celles contre les tribunaux ordinaires.

Dans un État républicain, le fonctionnaire public, le représentant ne doit point avoir de privilége; mais, s'il n'a point de faveur, du moins ne doit-il pas avoir de désavantage. L'action des lois et des tribunaux ne peut être plus arbitraire à son égard, qu'à celui de ses concitoyens.

Long-tems, Citoyens, nous avons marché trop rapidement d'un extrême à l'autre ; il est tems de nous renfermer dans de justes bornes. Il n'en est qu'un moyen, c'est de ne pas souffrir que la loi soit inégalement protectrice et sévere.

Un dernier moyen est employé, et on in-

siste vivement sur ces mots : *conspirations ,
dangers , salut public.*

Ce système est devenu trop familier pour
vous égarer : il a dû être abjuré sous les ruines
de la plus sanguinaire faction. Donner trop
de latitude aux tribunaux , serait la remettre
en vigueur.

C'est à l'application vague de cette épithete
de *conspirateurs* que les historiens font reconnaître les époques les plus funestes, celle même
de la décadence de l'Empire romain.

L'histoire de Trajan nous apprend que sous
Domitien, le crime de lèze-majesté était le crime
de celui qui n'en avait aucun. Nous ne pouvons nous refuser à le croire , puisque de nos
jours , une larme , un témoignage d'intérêt ,
un simple acte d'humanité , ont tenu lieu de
preuves de complicité et envoyé à l'échafaud
des citoyens vertueux.

Que les conspirateurs soient punis ! mais
je demande que les accusés, toujours présumés
innocens, aient une garantie contre un jugement évidemment inique.

Je demande qu'il ne puisse exister un tribunal qui se dise à soi-même : je suis au dessus
de toutes les lois ; je puis les braver , les
violer toutes ; je ne crains rien , je n'ai de
compte à rendre à personne.

Je demande que vous ne fassiez pas ce
qu'on n'eût osé proposer dans une République
ancienne.

A

A Rome, à Athênes, un seul tribunal prononçait-il irrévocablement ? non, sans doute. Démosthène parle d'un citoyen condamné par le sénat, par le Peuple, et enfin par deux tribunaux qui comptaient ensemble mille juges.

A Rome, quand le Peuple entier avait prononcé dans le *forum*, l'accusé appelait aux conciles réunis par tribus.

Je demande la question préalable sur l'article.

Pastoret. En répondant à Lamarque, j'annonce d'avance que je ne parlerai pas des circonstances, mais seulement la Constitution à la main. Je répondrai aux trois objections principales.

,, On a dit que le Tribunal de cassation revisait les jugemens de tous les tribunaux;

,, On a dit que les co-accusés d'un représentant seraient plus défavorablement traités que s'ils étaient traduits devant des tribunaux ordinaires;

,, On a dit enfin que comme les autres juges, ceux de la Haute-Cour pouvaient violer les formes et mal appliquer la loi. ,,

Et d'abord, de ce que le Tribunal de cassation revise les jugemens des tribunaux ordinaires, il ne faut pas en conclure qu'il puisse reviser ceux d'un tribunal extraordinaire, tel que la Haute-Cour. Croyons que la Constitution l'eût formellement exprimé, si elle eût cru ses jugemens susceptibles de cassation.

G

En second lieu, les accusés ne sont pas traités plus défavorablement que ceux traduits devant les tribunaux ordinaires ; ou du moins il y a, entre les avantages et les désavantages, une balance à peu près égale.

Dans les tribunaux ordinaires, en effet, la faveur est-elle la même ? paraît-on devant des jurés nationaux, devant des juges choisis par le Tribunal de cassation, et pris dans son sein ? a-t-on deux jours pour exercer les récusations des jurés ?

En troisieme lieu, je réponds que s'il est vrai que les juges ne soient pas infaillibles, du moins il faut reconnaître que leurs fonctions se bornent à appliquer la loi ; et que pour violer les formes il faudrait supposer un concert des cinq juges, de deux accusateurs nationaux, et de tous les jurés.

Examinons maintenant si ce recours que l'on demande serait possible.

A qui seraient portés les jugemens de la Haute-Cour ? au Directoire ? il ne peut en connaître ; au Corps législatif ? il ne peut en connaître davantage, et d'ailleurs il est accusateur ; aux Assemblées primaires ? cet objet serait étranger à celui de leur convocation : c'est donc au Tribunal de cassation.

Or, ce Tribunal fournit les cinq juges et les deux accusateurs près la Haute-Cour. Il deviendra donc l'arbitre des décisions de ses propres membres ; et s'il les casse, il faudra donc procéder à la formation d'une nouvelle

Haute-Cour, et cette nouvelle Haute-Cour sera donc prise encore dans ce Tribunal? et ces sept nouveaux membres iront connaître d'une affaire sur laquelle le Tribunal, et eux-mêmes par conséquent, auront déjà prononcé? Ce systême ne peut se soutenir; l'exécution en est démontrée impossible.

Il ne me reste plus qu'à réfuter un raisonnement qui a paru faire sensation. On a parlé du tribunal révolutionnaire et des maux affreux causés par l'abus des mots salut public, conspiration, &c.

Ah! certes, ces maux ne sont pas oubliés de nous. Nous savons que c'est au nom du *salut public* que des Commissions militaires ont ensanglanté et Marseille et Bordeaux, que des échafauds ont couvert le sol de la République, anéanti la population d'Orange et décimé Paris. Non, les méchans conservent une espérance vaine; le regne du crime est passé; les échafauds ne se releveront plus; et, si quelque audacieux les redressait, je jure qu'il existe des hommes dans cette enceinte même.... (*Oui! oui!* s'écrient une foule de membres en se levant.) des hommes dont les mains vigoureuses briseraient le sceptre sanglant de la nouvelle tyrannie. Je vote pour l'article présenté.

Oudot. Je demande l'ajournement, et je m'engage à réfuter demain toutes les assertions de Pastoret.

Dumolard. J'appuie l'avis de Pastoret sur le fondement des deux articles constitutionnels suivans :

Art. 265. ,, Le Tribunal de cassation ne peut jamais connaître du fond des affaires ; mais il casse les jugemens rendus sur des procédures dans lesquelles les formes ont été violées, et il renvoie le fond du procès au tribunal qui doit en connaître. ,,

266. ,, Lorsqu'après une cassation le jugement sur le fond est attaqué par les mêmes moyens que le premier, la question ne peut plus être agitée au Tribunal de cassation, sans avoir été soumise au Corps législatif, qui porte une loi à laquelle le Tribunal de cassation est tenu de se conformer. ,,

Pesez bien ces termes, Citoyens : le Tribunal de cassation peut connaître de la forme uniquement, jamais du fond des affaires.

Ainsi, cinq juges et deux accusateurs publics pris dans son sein, après avoir concouru à juger de la forme, si le recours était admis, iraient connaître du fond de l'affaire! Je n'insiste pas sur l'inconvénient d'un pareil systême.

En second lieu, si le second jugement est attaqué, comment pourrez-vous en connaître, vous qui avez été accusateurs? Il faudra cependant que vous deveniez grands-jurys, aux termes de l'article 266, après avoir été accusateurs ; que pensez-vous d'un tel systême?....

D'ailleurs en donnant le droit de revoir

les motifs de l'accusation, ne donnez-vous pas au Tribunal le droit de révision des actes du Corps législatif ?

Thibaudeau. Je ne répondrai pas à la partie déclamatoire de ceux qui ont parlé en faveur du recours en cassation. Je viens démontrer, par des calculs, que le systême de ceux qui veulent qu'on puisse appeler des jugemens de la Haute-Cour, est inexécutable, et détruit le Tribunal de cassation. D'abord, je remarque que la Haute-Cour de Justice a été organisée à peu près comme la Haute-Cour nationale en 1791. Or, tout le monde sait qu'il n'y a pas lieu à cassation de ses jugemens.

Ensuite, le Tribunal de cassation est composé de cinquante juges, divisés en trois sections : la premiere, de seize juges, statue sur les requêtes en prise à partie ; la seconde, de dix-sept juges, prononce sur l'admission des demandes en cassation ; la troisieme, de dix-sept juges, prononce exclusivement sur toutes les demandes en cassation non admises. En cas de partage, les trois sections se réunissent.

Ce Tribunal doit fournir cinq juges à la Haute-Cour et deux accusateurs nationaux ; reste donc quarante - trois juges. Supposons qu'on appelle à ce Tribunal et que le jugement soit cassé ; alors il faudra convoquer une seconde Haute-Cour de Justice. Les sept qui auront composé la premiere, ainsi que les dix-sept qui auront prononcé sur la cassation,

ne pourront évidemment concourir à la formation de la Haute-Cour de Justice. Il n'y
aura donc que vingt-six juges qui pourront
y concourir. Or, est-ce l'esprit de la Constitution ? ne dit-elle pas qu'on choisira dans le
Tribunal de cassation les juges de la Haute-
Cour ? Or, sont-ce vingt-six juges qui composent le Tribunal de cassation ?

Supposons, puisque c'est possible, que le
jugement rendu par cette seconde Cour fût
encore cassé, il ne resterait que deux juges
pour composer la troisieme Cour de Justice,
puisque tous ceux qui auraient concouru aux
cassations, ou qui auraient composé les deux
cours précédentes, ne pourraient concourir
à la formation de cette troisieme Cour.

L'orateur applique ensuite les mêmes calculs
à l'épuisement des jurés, et en conclut qu'on
ne peut soumettre à la cassation les jugemens
de la Haute-Cour de Justice.

Il est encore une objection capitale qui est
sans réplique. Lorsqu'une demande en cassation d'un jugement de la Haute-Cour est
formée, il peut y avoir partage dans la section
qui doit prononcer, comme cela est arrivé
pour le jugement des assassinats commis à
Lyon ; alors les trois chambres se réunissent ;
tous les membres qui les composent deviennent juges, et la formation de la Haute-Cour
devient impossible.

Ainsi, pour conclusion générale, la seule

disposition qui ordonne au tribunal de cassation de choisir dans son sein les juges de la
Haute-Cour de justice, prouve que les jugemens rendus par cette Cour ne peuvent être
soumis à l'appel.

On demande l'impression de ce discours.
Elle est décrétée.

Marec. Je demande, moi, qu'on imprime
tous les discours.

Sur une troisieme épreuve, après deux
douteuses, cette proposition est rejetée.

Séance du 10 Thermidor.

Oudot. Je ne veux que réfuter les assertions
de Thibaudeau.

Talot. Je vais parler dans le même sens.

Lemerer. Je rends grâces au génie qui préside
aux destinées de la République, et qui, assu-
rant le maintien du régime constitutionnel,
garantit désormais les représentans du Peuple
des atteintes des factions. J'examine si en effet
la loi n'aurait pas donné aux législateurs une
garantie suffisante, et je regarde le premier pas
d'un prévenu, celui qui le traduit devant le
jury d'accusation, comme le plus important :
je vois de combien de formes et de lentes
précautions est environnée la déclaration de
ce premier jury ; et de tous les motifs réunis
je conclus que la Constitution a dû refuser

à l'accusé tout recours en cassation ; d'abord parce que la Haute-Cour n'est point un tribunal ordinaire , et que , dans l'ordre du pouvoir, elle l'a placée sur la même ligne que les Conseils et le gouvernement : en second lieu, parce qu'ayant un caractere de représentation nationale , il serait monstrueux de voir réformer sa décision.

Un autre motif encore, c'est l'impossibilité du recours à un tribunal qui aura déjà prononcé par cinq de ses membres , et qui, s'il procede à une nouvelle élection, devra y faire concourir ceux-mêmes qui ont déjà émis leur opinion dans l'affaire soumise à leur jugement.

Il y a plus ; le tribunal réviserait les actes du Corps législatif, et il ne pourrait reviser la procédure, sans en revoir l'acte fondamental , l'acte d'accusation. S'il le casse, que fera le Corps législatif ? Présentera-t-il le même une seconde fois, et où s'arrêtera une telle lutte de pouvoir ?...

Les mêmes inconvéniens s'appliquent aux jurés , dont la liste serait bientôt épuisée. Attendre la formation d'une seconde Haute-Cour par la voie des élections populaires, est compromettre le salut public par une pitié fausse et funeste....

En fait de conspiration , la répression la plus prompte est nécessaire pour effrayer ceux qui seraient tentés d'imiter les conspirateurs. l'intérêt du peuple , la lésion de quelques

formes ne peut arrêter : l'existence prolongée
d'un conspirateur, est l'arrêt de mort des
bons citoyens......

Votre justice est éclairée, votre opinion
doit être fixée. J'appuie l'article de la Commission. La faculté de recours est un brévet
d'impunité. . . .

Madier. Je reproduis les raisonnemens déjà
soumis en faveur de l'appel. Je ne crains point
les institutions à leur naissance, mais les
progrès de leur corruption. Un tribunal
suprême, unique et sans appel, me paraît
une monstruosité politique, une arme qu'un
usurpateur peut saisir. Le Sénat de Rome
fit fleurir long-tems la liberté publique ; des
siecles s'écoulerent, et il devint un instrument
servile entre les mains de ceux qui dominerent
successivement les Romains dans les derniers
tems de la République.

Séance du 11 Thermidor.

Villetard. Le droit de casser les jugemens
de la Haute-Cour de justice supposerait, dit-
on, le droit de reviser les actes du Corps
législatif. Non, les actes ne sont pas émanés
d'un Tribunal, ils ne peuvent donc être
sujets à révision. D'ailleurs, les jugemens
seuls des tribunaux sont sujets à l'appel en
cassation ; les actes d'accusation n'y sont pas
soumis. La procédure ne doit être revisée qu'à
compter de l'acte réputé invalide : or, tels ne

sont pas les actes du Corps législatif : ceux-ci ne sont donc pas sujets à révision. Un tribunal qui prononce sur la liberté, sur la vie des premiers fonctionnaires de la République, et qui pourrait impunément violer toutes les formes, serait une monstruosité politique. Les institutions doivent avoir une garantie ; sans cela, elles portent dans leur sein un germe odieux de tyrannie, sinon actuelle, du moins possible. Or, pouvez-vous priver les premiers fonctionnaires d'une garantie dont jouissent tous les autres citoyens ?...

La Constitution ne dit pas, ajoute-t-on, que les jugemens de la Haute-Cour seront sujets à l'appel ; donc ils ne doivent pas y être soumis. Oh ! que cette interprétation judaïque répugne ! dans le doute ne doit-on pas prendre le parti le plus sûr et le plus favorable à l'accusé ?

Le passé est le miroir de l'avenir ; jetons-y un regard, non pour comparer des institutions qui se ressemblent si peu, mais pour prendre d'utiles leçons. L'affranchissement de la révision des jugemens d'un tribunal exécrable, fut la principale cause de nos maux ; les représentans du Peuple y furent traduits, ils manquèrent de garantie, et la chose publique fut perdue.

Villetard demande la question préalable sur l'article.

Philippe Delleville prononce une opinion

favorable au projet de la Commission. Il
s'attache principalement à démontrer qu'il ne
peut y avoir aucune espece de comparaison
entre la Haute-Cour et le tribunal créé sous
la tyrannie , et à détruire les conséquences
que plusieurs orateurs avait tirées de ces
rapprochemens.

Madier. Plus qu'aucun autre membre de
cette assemblée , j'ai été livré aux horreurs de
la proscription ; aussi viens-je défendre les
droits des accusés et les principes de la liberté.
Les lois criminelles ne sont bonnes que lorsqu'elles respectent les droits de la justice et
de l'humanité.

Je pense que la Haute-Cour nationale ne
peut être considérée que comme un Tribunal
criminel, destiné , il est vrai , à prononcer sur
les accusations intentées contre les représentans
du Peuple et les membres du Directoire. Ses
jugemens , comme ceux de tous les autres
tribunaux de la République , doivent être
soumis à cassation ; vous ne pouvez priver
les représentans d'un droit acquis à tous les
citoyens.

C'est une très-belle institution que celle
des jurés dans un tems calme et ordinaire ;
mais, dans un état Républicain naturellement
inquiet et agité, les jurés ne sont trop souvent
qu'une arme entre les mains du parti qui
domine. L'opinion publique s'en empare;
ils croient obéir à leur conscience : non,

ils obéissent à cette opinion publique. Il faut donc réserver à l'accusé un droit de garantie contre leurs décisions.

Danton créa le tribunal révolutionnaire; Danton voulut qu'il fût sans appel, et un an après Danton périt condamné par le tribunal.

On a dit que les accusés exerçant une seconde fois la faculté de recourir en cassation, vous deviendriez vous-mêmes les juges des hommes que vous auriez accusés : mais en ce moment que faites-vous ? vous avez été accusateurs, et vous vous occupez d'une loi postérieure au délit, dans laquelle on vous propose de restreindre les droits des accusés. N'êtes-vous donc pas, par le fait, juges et accusateurs ?...

Je termine par cette observation : Monsieur Hastings resta sept ans à la barre du parlement Anglais, et Monsieur Hastings n'était pas revêtu du caractere de représentant du Peuple.

Je demande la question préalable sur l'article proposé.

Chazal. Il est démontré que la Haute-Cour n'est point un tribunal extraordinaire, mais un tribunal criminel uniquement établi pour connaître des accusations portées par le Corps législatif. A ce titre, ses jugemens doivent être soumis à cassation.

Jourdan, *des Bouches du Rhône.* J'émets un

avis opposé. La question présente d'inextricables problêmes à ceux qui veulent traiter
comme simple une question complexe. Il
faut ou que le représentant subisse deux
jugemens, législativement et judiciairement,
ou qu'à son égard les formes législatives et
judiciaires coïncident et se confondent. Nous
avons fait jusqu'ici des actes législatifs judiciaires; la Haute-Cour va faire des actes de
juridiction législative. Le prévenu sera jugé
par la Haute-Cour, comme il le serait au
parlement d'Angleterre, comme il le serait
par le Peuple dans un État purement démocra-
tique. C'est parce que la Haute-Cour porte
le nom de tribunal, qu'on lui applique tout
ce que la Constitution dit des tribunaux : la
Haute-Cour est une co-législature, c'est
un troisieme conseil : elle est au Corps
législatif, en matiere de juridiction, ce qu'est
en matiere de juridiction la Chambre-Haute
au parlement d'Angleterre.... Le système
opposé au mien vous conduit à l'appel au
Peuple, à une sorte de révision des actes
du Corps législatif, à la théorie confuse et
anarchique de la Constitution de 1793, à
la destruction du système de la stabilité des
pouvoirs, d'une représentation fixe et immua-
ble, à la destruction enfin de la Constitution
de 1795. Je conclus pour le projet de la
Commission.

Mathieu. Vous êtes les dépositaires de l'acte
constitutionnel ; vous devez veiller à ce qu'il

ne lui soit porté aucune atteinte ; vous devez lui concilier tout le respect dû à un acte solennellement adopté par le Peuple. Sans doute une grande liberté doit régner dans cette enceinte ; mais enfin elle ne doit pas aller jusqu'à permettre d'attaquer les bases constitutionnelles ; sans cela, elle dégénere en licence d'opinion, en anarchie de pensée, qui rendraient problématique les principes les plus constans.

L'orateur a professé les principes les plus faux, les hérésies politiques les plus dangereuses. Si vous adoptiez ses conclusions, vous sembleriez approuver ses principes.... Eh quoi ! il a osé dire que la Haute-Cour était au Conseil ce que la Chambre des pairs est en Angleterre, et vous pourriez souffrir à cette tribune le débit de maximes aussi scandaleuses !

Pastoret. La discussion était calme, et par une attention soutenue, le conseil donnait un éclatant témoignage de son respect pour le titre d'accusé. Il délibérait avec la plus grande attention sur les circonstances politiques, et les opinions particulieres émises dans ces derniers jours..... et l'orateur a demandé que la liberté d'opinion fût bannie de cette enceinte. Eh quoi! la pensée serait libre, et la tribune serait esclave ! les citoyens seraient sans entraves , et leurs représentans auraient des censeurs !

Et quel étonnant blasphême a donc proféré Jourdan ? Il a dit que, sous le rapport judiciaire, la Haute-Cour était au Conseil des Cinq-cents, ce que la Chambre des pairs est à celle des Communes d'Angleterre ; cela est vrai, cela est incontestable..... Vous ne ferez pas à vos membres un crime de connaître l'histoire et de la citer. La liberté constitutionnelle doit être ici pour tous, et non pour quelques uns.

Mailhe. Si l'accusé était absous, croyez-vous qu'un commissaire du Directoire, ou l'accusateur national, pût requérir la révision du jugement, sous prétexte de lésion de formes ? si un membre du gouvernement est acquitté ou condamné, permettrez-vous, à son agent, ou à celui qui en exercera le ministere, de requérir la cassation ?...

Salomon. Je ne viens point me livrer à une longue discussion sur la question qui, depuis plusieurs jours, est le sujet de vos délibérations ; je ne pourrais que répéter ce que l'on vous a déjà dit. Mon unique dessein, en montant à cette tribune, a été de vous soumettre une observation qui n'a pas encore été faite, et qui m'a paru importante.

Citoyens représentans, le Peuple Français, en acceptant l'acte constitutionnel, a voulu qu'il y eût une Haute-Cour de justice pour juger les accusations admises par le Corps législatif, soit contre ses propres membres, soit contre ceux du Directoire exécutif. Mais pourquoi donc ce tribunal extraordinaire a-t-il été établi ? Pourquoi un tribunal particulier pour les membres du corps législatif et du gouvernement ? C'est sans doute afin de donner aux premiers dépositaires de l'autorité publique une garantie qui assurât leur indépendance. Plus leurs fonctions sont importantes, plus il a fallu prendre des précautions pour qu'ils ne pussent point être arrachés trop facilement à ces fonctions. Il serait résulté de trop grands inconvéniens, la chose publique aurait été exposée à de trop fréquens dangers, si, sur une simple dénonciation, les Représentans du Peuple, les membres du gouvernement avaient pu être traduits devant un officier de police, envoyés par lui en état d'arrestation devant un directeur de Jury, mis en accusation et jugé suivant les formes établies dans les tribunaux ordinaires. L'intérêt de la République demandait que l'accusation ne pût être admise que par le Corps législatif lui-même, après le plus mûr examen, et qu'elle ne pût être jugée que par un tribunal dont la nation garantît en quelque sorte les lumieres et l'intégrité.

Un autre motif non moins puissant s'opposait à ce que les membres du Corps législatif et ceux du gouvernement, fussent jugés par les tribunaux ordinaires ; c'est l'organisation même de ces tribunaux.

Il existe près de chaque tribunal criminel

un

un commissaire du Directoire exécutif qui
est chargé de requérir dans le cours de l'instruction pour la régularité des formes, et
avant le jugement pour l'application de la loi;
qui est chargé en outre de poursuivre l'exécution des jugemens rendus par le tribunal. Or
vous sentez tous combien il eût été inconve-
nant de voir un commissaire du pouvoir
exécutif fesant des réquisitoires dans une procédure qui intéresse un membre du Directoire exécutif. L'inconvénient aurait été plus
grand encore, si la procédure était dirigée
contre un membre du corps législatif. Un
commissaire nommé et destituable par le
Directoire exécutif, chargé de veiller à l'instruction d'une procédure contre un représentant du ·Peuple, quelle monstruosité! Qui de
vous n'aurait pas été alors alarmé sur le sort
de la représentation nationale? Je ne crois
pas avoir besoin de pousser plus loin mes
réflexions. Il était donc indispensable, pour
juger les délits qui pourraient être commis par
les membres du corps législatif et du gouvernement, de créer un tribunal dont les élémens
ne fussent pas les mêmes que ceux dont sont
composés les tribunaux ordinaires; un tribunal où il ne se trouvât surtout aucun agent
du Directoire exécutif. C'est dans ces vues
qu'a été établi le tribunal de la Haute-Cour
de Justice, dont tous les membres sont nommés par les Assemblées électorales des départemens.

H

Ce que je viens de dire suffit, je le pense du moins, pour vous convaincre que ce n'est point par omission, mais à dessein, que le législateur constituant n'a point, par une disposition exprèsse, attribué au tribunal de cassation le droit de réviser les jugemens de la Hauté-Cour de Justice.

Le Directoire exécutif n'a-t-il pas, en effet, auprès du tribunal de cassation, comme auprès des autres tribunaux, un commissaire de son choix ? L'influence de ce commissaire sur les décisions du tribunal de cassation serait trop favorable aux membres du directoire exécutif ; elle serait trop funeste à la représentation nationale. Quelle serait désormais sa garantie ; que deviendrait son indépendance, si le gouvernement pouvait par ses agens, provoquer la cassation des jugemens rendus par la Haute-Cour de Justice en faveur des représentans du Peuple ? Non, les partisans de l'appel, ou du recours devant le tribunal de cassation, ne l'auraient jamais proposé, s'ils avaient réfléchi sur les dangereuses conséquences de leur système. Je vote pour l'adoption de l'article du projet de la Commission qui ne veut pas que les jugemens rendus par la Haute-·Cour de justice soient soumis à l'appel, ni au recours devant le Tribunal de cassation.

Echassériaux, aîné. Représentans, dans une discussion qui s'est déjà prolongée, je ne répéterai pas ce qui a été dit avant moi à cette tribune, je verrai la question sous un autre aspect : je me bornerai à présenter quelques considérations qui pourront toucher les esprits. Dans une délibération si majeure les circonstances récentes disparaîtront devant moi. Je parlerai sans intérêt et sans crainte. Je crois que ce n'est point autour de lui, sur ses affections, mais dans l'avenir, sur les législateurs et sur les générations qui doivent obéir à ses lois, que le législateur présent doit jeter sa pensée. Il est encore un motif plus élevé qui doit intéresser ici sa gloire, c'est que les fondateurs des républiques sont responsables envers la postérité, des imperfections de leur ouvrage et des maux que leur sagesse aurait pu prévenir.

Ce n'est point, je crois, par des calculs et par la subtilité du raisonnement qu'il faut décider la question importante qui occupe cette Assemblée. C'est par l'expérience éternelle des choses, des événemens et des hommes, qu'il faut juger les établissemens politiques des Peuples. Les raisonnemens détruisent toujours les raisonnemens ; ils ne détruiront jamais l'expérience. Qu'est-ce qu'elle vous apprend depuis cinq ans, depuis des siecles ? Elle vous apprend que des institutions contre lesquelles les citoyens n'ont aucune garantie, sont tôt ou tard des institutions fatales à la liberté publique. L'affreux tribunal qui a ensanglanté la révolution, ne nous en a-t-il pas donné un assez terrible exemple ? ... On a beau raisonner sur la nature de la Haute-Cour de Justice ; sur la sagesse de ses formes, sur la solennité de ses jugemens ; je vois encore tous les dangers de l'arbitraire, la possibilité de toutes les erreurs, à côté de cette institution que rien ne peut arrêter. Où est donc son infaillibilité ? où est la garantie qu'elle ne peut jamais violer les lois ? que deviendrait un accusé si elle arrivait à les enfreindre ? quel moyen, quand elle a prononcé sur la vie d'un citoyen, de réformer un jugement injuste qui l'envoie à la mort ? où est le régulateur de cette Cour, sa responsabilité ? On n'a point encore répondu à cette question, la plus sérieuse de toutes, et qui doit embarrasser, je pense, tout homme qui a une conscience et un esprit juste.

Pour affaiblir des craintes, malheureusement trop fondées, trop justifiées par l'expérience, on a dit qu'il n'y avait aucune comparaison entre ce tribunal, ouvrage des factions et des vengeances révolutionnaires, et le Haut-Jury créé par la Constitution : je ne vois cependant là qu'un Tribunal unique, sans recours, et irresponsable. Il n'y a aucune comparaison, dites-vous ! Législateurs, qui raisonnez avec tant d'assurance, donnez-moi la garantie que les tems des révolutions, des factions et de leurs fureurs, ne se reproduiront jamais parmi nous, et je pense comme vous, et je vote comme vous.

Mais ouvrez l'histoire, jetez les yeux derrière vous, sur les Peuples qui vous ont précédés , sur leurs troubles politiques , dont votre révolution n'a été qu'une répétition fidelle ; vous verrez que les passions et les hommes ne changent jamais , et que le retour subit des mêmes époques échappe à tous les calculs de la prévoyance la plus profonde.

Dans l'ordre des sociétés , il n'y a rien de plus beau sans doute que les gouvernemens républicains, parce qu'ils présentent le développement de toutes les facultés humaines ; ils sont l'élément des hommes libres, puissans et heureux : mais aussi, qui ne sait qu'il est des vices attachés à toutes les institutions sociales, que le prudent législateur doit empêcher de naître !

Qui de vous peut ignorer que les factions sont le vice des gouvernemens libres ? Voyez comme elles renaissent par intervalle ; comme elles s'arment des institutions même pour se combattre et se détruire ; et dites-moi si, ayant l'effrayante leçon du passé devant les yeux , vous pouvez voir sans frayeur un tribunal unique pour juger les représentans du Peuple et les premiers fonctionnaires de la République dans un État livré à des orages, à des factions politiques ; dites-moi si ce tribunal , sans garantie pour l'accusé contre la violation des formes et les erreurs , ne peut pas devenir un précipice sous les pas de vos successeurs ?

On vous a dit une grande vérité : parcourez tous les monumens de la législation des Peuples, vous ne trouverez aucune de ces législations qui n'assure au citoyen le recours à un second tribunal lorsque les lois et les formes à son égard ont été méconnues ou violées dans un premier. Sans cette garantie sacrée, que deviendraient donc la vie et l'honneur des citoyens? quel asile aurait l'innocence contre les erreurs et les passions de ses juges?

Mais fesons taire ici pour un moment le sentiment de justice et d'humanité. Avez-vous élevé votre pensée à toutes les considérations de l'avenir? avez-vous mesuré tous les dangers que pourrait encourir un jour la Patrie? Les rois n'ont pu vous vaincre; vous pouvez vous attendre que leur politique sera de remuer l'intérieur de cette République qu'ils redoutent, d'y ranimer des factions, d'égarer par elles le zele même des représentans du Peuple, de nous faire déchirer nos entrailles de nos propres mains. Pouvez-vous calculer, au milieu de tant de passions, d'ambition et de vengeances exaltées; au milieu de tant de partis, que dans un État libre on appelle presque toujours des conspirations? avez-vous calculé le mal que peut faire un Tribunal qui est livré lui-même à l'opinion de l'instant, aux passions ardentes du parti dominateur?

Représentans, vous voulez enchaîner les factions: ne leur laissez, dans vos institutions, aucun espoir, aucune possibilité de dominer et de se détruire. Un tribunal révisant les jugemens de la Haute-Cour de Justice, est un frein important pour toutes celles qui pour-

raient se former un jour au cœur de l'État ;
un tribunal sans appel qui juge les représentans du Peuple et les membres du gouvernement, est un gouffre où les factions peuvent
un jour s'engloutir avec la République.

Avons-nous déjà oublié la mémoire de nos
infortunes publiques ? n'avons-nous pas vu
les citoyens entre eux, pour des nuances d'opinions, pour des crimes imaginaires et de mal-
heureuses vengeances, se précipiter d'un bout
de la République à l'autre aux tribunaux
révolutionnaires ? Croyez-vous que ces derniers
eussent dévoré tant de victimes, violé tant de
fois les formes et les lois, si les hommes fé-
roces qui les composaient eussent vu au dessus
d'eux l'aspect imposant, auguste, d'un autre
tribunal révisant leurs sanglans arrêts de mort ?

Législateurs, après cinq ans de révolutions,
vous revoyez enfin le calme, vous délibérez
dans ce moment avec confiance, avec un juste
espoir de la tranquillité future : mais est-il
quelqu'un de vous d'un esprit assez pénétrant
pour prévoir les événemens cachés dans l'avenir ? Qui peut pressentir les mouvemens politiques qui peuvent un jour troubler l'État et
agiter même jusqu'à cette enceinte ? Ah !
lorsque les passions furieuses des partis sont
déchaînées, lorsque les factions sont aux prises,
lorsque toutes s'accusent de conspirer, lorsque
toutes sont entraînées par la tourmente révolutionnaire, c'est en vain qu'en ces momens
affreux le législateur cherche dans les débris

de la Constitution un remede tardif et impuis-
sant contre tant de maux ; songez qu'alors il
n'y a qu'un pas de cette enceinte au tribunal
où doivent être jugés les vaincus ou les coupables, un pas peut-être du tribunal à l'échafaud , et au milieu de cette déflagration de
toutes les vengeances, de toutes les ambitions ;
au milieu des déchiremens et du désespoir
des lois , un dernier pas à l'anarchie et au
despotisme. Dans ce moment d'éversion de la
liberté publique , le législateur n'a plus qu'à
pleurer sur les défauts d'un ouvrage qu'eût
pu perfectionner sa sagesse.

Représentans , que ces craintes de l'avenir
vous touchent ! Vous avez sagement pondéré
toutes les parties de la Constitution , vous
avez mis dans les mains du Directoire exécutif
un point d'arrêt contre vous , puisque vous
violez les formes constitutionnelles. La Haute-
Cour de Justice , dans votre organisation
sociale, reste seule sans contre-poids : après
tant d'épreuves et de malheurs , hâtez - vous
d'élever cette barriere salutaire que la justice
même demande pour le représentant du Peuple, comme pour tous les autres citoyens ,
contre les écarts de ceux qui doivent prononcer
sur leur sort !

J'appuie la question préalable sur le projet
de la Commission ; et je demande qu'elle soit
chargée de présenter un mode d'exercice du
recours en cassation.

§ 3. *Clôture et Résolution.*

DE toutes parts on annonce être satisfait de la discussion , que l'on témoigne avoir été assez lumineuse assez approfondie , pour conduire aux opinions. Le Conseil déclare qu'elle est fermée , et adopte à une forte majorité l'article de la Commission.

Sur la proposition de Dumolard , il décide ensuite que cette résolution sera séparément envoyée au Conseil des Anciens.

Il adopte un article portant que : ,, Près la Haute-Cour nationale , il n'y aura pas de commissaire du Directoire exécutif. ,,

§ 4. *Quelques fragmens de la même discussion et fesant suite.*

Séance du 12 thermidor.

Philippe Delleville. La résolution que vous avez prise hier, déconcerte à la fois les prôneurs du royalisme et de l'anarchie. Les premiers disaient que la République n'était qu'un fantôme de gouvernement républicain, n'était qu'une régence déguisée , comme celle qui exista en Angleterre, sous le nom de *Protectorat*, après la mort de Charles. On disait que nos victoires étaient fausses , que Condé viendrait à Paris , le sabre à la main , rétablir la royauté. Vous savez le chemin qu'il a pris.

On disait encore que les lenteurs du juge-

ment qui va s'instruire, l'appel qu'on inter-
jetterait rendrait l'affaire interminable, et
donnerait le tems au roi de France et de
Navarre de venir se couronner à Paris. Votre
résolution, qui sera sans doute sanctionnée
par le Conseil des Anciens, détruit également
les espérances des anarchistes, prétendus roya-
listes déguisés, qui regardent Babeuf comme
leur *grand Lama*, et qui avaient résolu d'éterniser son procès. . . . . .

§ 5. *Sur la forfaiture.*

Réal (*qui avait obtenu la parole hier et qui
n'avait pas été entendu*). — La forfaiture peut
être encourue par les membres de la Haute-
Cour, et ils ne peuvent être inviolables et
placés au dessus de toutes les lois. (Il présente
un article additionnel.)

Plusieurs membres s'écrient que le projet
est inconstitutionnel.

Pastoret. Vous devez être étonnés de voir
reparaître, après une discussion si solennelle,
la proposition que vous aviez rejetée. Sans
doute les représentans du Peuple doivent avoir
une garantie d'autant plus forte qu'ils sont
en but aux traits de l'envie, aux entreprises
des factions ; mais les intérêts de la société
exigent que cette garantie ait des bornes.

Peut-être l'opinant n'a-t-il pas bien saisi le
sens véritable du mot forfaiture. Ce mot,

qui dérive de *foris facere*, veut dire, *excéder
ses pouvoirs*, *agir au delà*.

Ainsi une fausse application de la loi
n'étant pas une usurpation de pouvoirs, ne
peut donner lieu à forfaiture.

Mais un inconvénient majeur attaché à la
proposition, c'est qu'elle effrayerait les juges,
c'est qu'elle tendrait à les influencer à dicter
leur arrêt. Elle serait fatale à l'accusé, déjà
courbé sous le poids d'une prévention peut-
être trop forte, dont le charge le décret d'accusation rendu par le Corps législatif.

Je demande la question préalable.

Dumolard est du même avis; cependant,
en adoptant les définitions données par Pastoret, il n'est point d'accord avec ce dernier
sur cette prévention dont il a parlé.

„On croit toujours voir l'accusé condamné,
dit-il; eh bien! moi, je vois au contraire une
Haute-Cour digne du Peuple Français, libre
et juste, indépendante et par le caractere de
ses membres, et par la distance qui la sépare
de vous, acquitter solennellement l'innocence.
Si vous la menacez d'un recours au Tribunal
de cassation, si vous la menacez de l'application de forfaiture, comme le Tribunal de
cassation n'est point à l'extrémité du cercle,
mais qu'il est placé dans la sphere d'activité
du Corps législatif et du gouvernement, craignez que la Haute-Cour, menacée d'une décision sur laquelle vous pourriez avoir de

l'influence , ne la redoute en effet ; craignez de dicter l'arrêt des accusés.

Je vote aussi contre la proposition. „

Crassous combat, comme inconstitutionnel, le projet présenté par Réal ; mais il ne peut consentir à admettre l'idée d'un tribunal unique et sans appel , qui pourra impunément encourir la forfaiture : les membres du Tribunal de cassation y sont sujets , pourquoi ceux de la Haute-Cour seraient-ils plus inviolables ?

Il éloigne toute idée de crainte et de faiblesse dans la conduite de la Haute - Cour , quelle que soit à ce sujet la résolution du Conseil. Il demande qu'en principe le Conseil arrête que l'article 263 de la Constitution soit applicable aux juges de la Haute-Cour , article ainsi conçu :

„ Le Tribunal de cassation annulle les actes qui donnent lieu à forfaiture , le fait est dénoncé au Corps législatif , qui rend le décret d'accusation après avoir entendu ou appelé les prévenus. „

Mathieu appuie la proposition ainsi généralisée.

Cambacérès est d'un avis contraire , il n'admet point la définition du mot forfaiture, donnée par Pastoret. Excéder ses pouvoirs, n'entraîne point la forfaiture ; appliquer faussement la loi, ne l'entraîne pas davantage. Autrement une telle extension serait meurtriere ,

surtout à l'égard des tribunaux ordinaires.
Ils sont sujets, en effet, à prononcer diverses
peines selon la nature et les circonstances
des délits ; or, une fausse application de la
loi ne peut être réputée que l'effet d'une
erreur, et non d'une intention criminelle.
L'ordonnance de 1667, qui était dans un
sens contraire à cet avis, est tombée, sous
ce rapport, en désuétude. La forfaiture ne
peut être encourue par les juges de la Haute-
Cour que dans le cas de machination, de
dol, de fraude. (1) Ils ne peuvent mal
appliquer la loi, car si les jurés déclarent
l'accusé convaincu, ils n'ont qu'une peine
capitale à prononcer.

Un dol évident, une condamnation contraire
à la déclaration des jurés, ne peuvent être
supposés, quelle que soit la corruption hu-
maine. La voix publique nous la dénoncerait
à l'instant, et nul ne se chargerait de l'exécution
d'un tel jugement.

Mais, dira-t-on, si la Haute-Cour prononce
une peine moins forte ? C'est ici, représentans,
que la prudence ordonne de garder le plus
profond silence. Il est des choses qu'il n'est
pas de la sagesse du législateur de prévoir. J'en
ai dit assez. J'insiste sur la nécessité de ne
pas effrayer des juges qui ne doivent être
menacés que dans le cas où ils auraient trop

---

(1) *Note de l'Éditeur.* La loi 226 ff *de verbor. significa-
tione* semble avoir tout dit par ces mots : *Quia lata culpa
dolo æquiparatur,* &c.

appesanti le glaive de la loi. Je me contenterai seulement d'observer quelle contradiction révoltante présenterait votre décision, si vous déclariez que les juges pourront être punis pour leur décision, après avoir résolu que leur jugement serait sans appel. Je demande l'ordre du jour sur toutes les propositions.

L'ordre du jour n'est point adopté, et le Conseil renvoie à sa Commission la proposition de Crassous.

§. 6. *Sur le mode de recevoir les déclarations des représentans du Peuple et des membres du Directoire, appelés en témoignage.*

Siméon. Au nom d'une Commission spéciale je vous propose de décider que ces déclarations seront reçues par écrit et envoyées aux directeurs de jurys. (1)

Hermann et Crassous, de l'Hérault, s'opposent à l'admission du projet, comme contraire aux principes de l'institution des

______

(1) Ce qui a donné lieu à cette proposition, c'est une réclamation du tribunal criminel du département du Gard, de cinq représentans du Peuple. L'accusateur public du département de la Seine, requis par celui du Gard de les faire assigner, avait cru ne pas devoir remplir cette commission sans avoir obtenu l'aveu du Corps législatif, d'après une loi du 7 pluviôse, an 2, qui porte qu'aucun représentant du Peuple ne peut être entendu comme témoin, tant en matiere civile qu'en matiere criminelle, dans les tribunaux séans hors Paris, qu'en vertu d'un décret. Siméon fait sur cela un rapport très-circonstancié, dans la séance du 14 thermidor.

jurés, qui n'admettent point de déclarations civiles qui puissent être soumises au jury.

Chénier appuie le projet par ce raisonnement. Un grand procès va s'instruire; que diriez-vous, et cela est possible, si l'accusé appelait en témoignage trois membres du gouvernement, ce qui le désorganiserait de fait?

Hermann demande que la permission d'aller donner son témoignage soit, à l'égard des représentans et des membres du Directoire, astreinte à un nombre limité.

Ces observations déterminent le Conseil à ajourner la question.

Mais dans la séance du 14, même mois, il prend une résolution dont voici les dispositions:

Toutes les fois qu'il échoira de citer en témoignage, soit en matiere civile, soit en matiere criminelle, des membres du Corps législatif ou du Directoire exécutif devant des tribunaux autres que ceux séans dans la commune où ils se trouveraient casuellement, leurs dépositions seront prises par écrit sur les faits, demandes et questions, par le juge civil ou par l'officier de police judiciaire, directeur du jury, président du tribunal criminel devant lequel leur témoignage est requis et seront adressées au directeur du jury ou président du tribunal criminel du lieu où ils se trouveront.

Leurs déclarations seront envoyées, duement scellées et cachetées, au greffe du tribunal requérant. En matieres civiles elles seront communiquées aux parties comme l'enquête ; en matieres criminelles, elles seront communiquées à l'accusateur public et à l'accusé, conformément aux articles 318 et 319 du code des délits et des peines.

Dans l'examen du jury de jugement, ces déclarations seront lues publiquement ; elles seront débattues par l'accusé et par ses conseils, et les jurés y auront tel égard que de raison.

Par amendement, proposé par Cambacérès, ces dispositions sont étendues aux ministres de la République et à ses agens qui résident près les puissances étrangeres.

Liborel a fait dans son rapport au Conseil des Anciens, le 20 thermidor, les observations suivantes :

,, Au premier coup d'œil la résolution paraît contraire aux regles établies pour la procédure, surtout pour la procédure criminelle, qui est maintenant toute orale. Mais en y réfléchissant on voit que l'exception que fait la résolution à la loi générale sur les formes de la procédure criminelle est extrêmement sage. Si l'on avait permis que les membres du Corps législatif pussent être distraits de leurs fonctions, et attirés à des distances considérables du lieu où siégerait le corps dont ils feraient

partie,

partie, n'aurait-il pas été à craindre qu'on n'eût pris ce moyen pour désorganiser le Corps législatif ou au moins pour suspendre son action ? Si cette crainte est permise à l'égard du Corps législatif, combien ne l'est-elle pas davantage à l'égard des membres du gouvernement qu'il serait bien plus facile de dissoudre, parce qu'ils sont en plus petit nombre ? ne doit-on pas craindre également que l'on ne compromette l'activité du service, en arrachant à leurs fonctions, sous prétexte de venir déposer devant un tribunal, les ministres résidans en France, et ceux accrédités chez l'étranger ?

Sans doute les déclarations par écrit n'équivaudront jamais aux déclarations verbales, aux débats entre les accusés et les témoins; mais l'intérêt général exige ici que l'intérêt particulier lui cede. La Commission propose d'approuver la résolution.

Le Conseil l'approuve.

Séance du 13 Thermidor.

Soulignac présente, et le Conseil adopte, deux articles additionnels sur l'organisation de la Haute-Cour de Justice ; ils portent :

Le premier que „ les juges et les jurés seront tenus de se séparer dans l'espace de dix jours après que l'affaire pour laquelle le tribunal aura été convoqué sera terminée. „

Le second, que „ la Haute-Cour dissoute,

les contumaces et tous les accusés, autres que les membres du Corps législatif et du Directoire, seront renvoyés devant les tribunaux ordinaires. „

Sur la fin de cette séance, Soulignac fait adopter la rédaction définitive de toute la résolution.

Séance du 17 Thermidor.

BORNES soumet au Conseil une motion d'ordre, par laquelle il le presse de s'occuper enfin des actes nécessaires à la mise en jugement du représentant Drouet. L'intérêt de l'accusé et celui de la société se réunissent, dit-il, pour que vous entendiez incessamment, et l'acte d'accusation, et la proclamation pour la convocation de la Haute-Cour. Il demande que la Commission soit chargée de présenter demain son rapport. Cette proposition est adoptée.

Séance du 18 Thermidor.

LE Conseil des Cinq-cents se forme en comité général pour entendre la lecture de la proclamation pour la convocation de la Haute-Cour de justice.

§ 7. De la Proclamation du Conseil des Cinq-cents.

DANS la séance du 13 thermidor il s'était élevé quelques difficultés pour savoir si la proclamation devait être soumise à la sanction du Conseil des Anciens. Bourdon pose la

question : La proclamation pour la convocation de la Haute-Cour sera-t-elle soumise au
Conseil des Anciens ?

Hermann vote pour l'affirmative, en lisant
l'article de la Constitution qui porte que la
Haute-Cour est convoquée sur la proclamation
du Corps législatif.

Thibaudeau est d'un avis contraire, en
convenant néanmoins qu'à cet égard les
articles constitutionnels offrent un vice de
rédaction qui donne lieu à des incertitudes.
Il cite cet article : ,, La Haute-Cour se réunit
au lieu indiqué par la proclamation du
Conseil des Cinq-cents ; ,, et celui-ci : ,, La
proclamation est rédigée et publiée par le
Conseil des Cinq-cents. ,, Le rapporteur
observe que l'article 267 porte que la Haute-
Cour ne se forme qu'en vertu d'une proclamation du Corps législatif, tandis que l'article
268 porte que la Haute-Cour se réunira dans
le lieu indiqué par la proclamation du conseil
des Cinq-cents. La rédaction de ces deux
articles fait naître le doute de savoir si la
proclamation doit appartenir exclusivement
au Conseil des Cinq-cents.

,, Il faut avouer, reprend Thibaudeau, qu'il
y a un vice de rédaction dans l'un ou dans
l'autre de ces articles ; cependant en les com-
parant, et en recherchant quel a été l'esprit
de la Constitution , il est aisé de se convaincre
que la proclamation doit être faite exclusi-

vement par le Conseil des Cinq-cents ; en effet, l'article 271 porte que l'acte d'accusation sera rédigé par le conseil des Cinq-cents, et sur ce point il n'y a point de difficulté ; mais si la Constitution a voulu que l'acte d'accusation ne fût rédigé que par le Conseil des Cinq-cents, à plus forte raison a-t-elle voulu qu'il en fût de même de la proclamation, qui est d'une bien moindre importance que l'acte d'accusation : ainsi je crois que l'acticle 267 renferme un vice de rédaction lorsqu'il parle de la proclamation comme émanant du Corps législatif tout entier. ,,

,, En principe général , dit Dumolard, il est très-vrai que tout prend ici naissance , et que nos actes sont soumis au Conseil des Anciens. Il est vrai qu'il ne s'agit pas ici d'une loi. Quoique l'article 271 porte formellement que l'acte d'accusation doit être rédigé par le Conseil des cinq-cents, je ne crois pas que l'article 267 doive s'entendre de la même maniere. Thibaudeau vous a dit qu'une proclamation était bien moins importante qu'un acte d'accusation ; d'où il a conclu que puisque le Conseil des Cinq-cents rédigeait seul l'acte d'accusation, il devait à plus forte raison rédiger seul la proclamation.

Ce raisonnement ne me paraît nullement concluant. J'entrevois dans une proclamation un caractere vraiment législatif que n'a point un acte d'accusation. Comme le directoire exécutif ne devait nullement intervenir dans ce qui concerne la Haute-Cour de Justice, la Constitution a sagement confié au Conseil des Cinq-cents le soin de publier la proclamation, et c'est en ce sens que l'article 267 parle de la proclamation du Conseil des Cinq-cents.

Ne nous arrogeons pas un droit que la Constitution n'a pas voulu nous donner exclusivement. Il sera beau de voir le Conseil des Cinq-cents ne pas profiter d'une rédaction vicieuse pour chercher à étendre ses pouvoirs. Je crois que la proclamation doit être soumise au Conseil des anciens, sauf ensuite au Conseil des Cinq-cents à la publier. »

» L'opinion de Dumolard, dit Crassous, est la seule qui puisse prévaloir, et elle s'accorde parfaitement, soit avec la lettre, soit avec l'esprit de la Constitution.

» La proclamation doit appartenir au Corps législatif, l'article 267 ne laisse aucun doute sur ce point. Lorsqu'elle aura été approuvée par le Conseil des Anciens, alors, comme vous l'a dit Dumolard, la proclamation ne pouvant être publiée par le Directoire, revient au Conseil des Cinq-cents qui la publie, et c'est dans ce sens que l'article 268 l'appelle proclamation du Conseil des Cinq-cents.

Le Conseil arrête que la proclamation qui sera rédigée, sera soumise au Conseil des Anciens.

Proclamation pour la formation d'une Haute-Cour de Justice en la Commune de Vendôme.

En exécution de l'article 267 de la Constitution , et en conséquence du Décret d'accusation prononcé le 20 messidor dernier par le Conseil des Anciens , contre Jean-Baptiste Drouet , l'un des représentans du Peuple , membre du Conseil des Cinq-cents , et de son renvoi à la Haute-Cour de Justice ;

Le Conseil des Cinq-cents , au nom du Corps-législatif, proclame la formation d'une Haute-Cour de Justice en la Commune de Vendôme , département de Loir et Cher, où les juges et accusateurs nationaux seront tenus de se trouver réunis le 15 fructidor prochain.

Le représentant du Peuple Drouet et ses co-accusés y seront transférés pour la même époque, et les jurés s'y rendront dans les délais déterminés par la loi.

Le 20 Thermidor , an 4.

IVe ET DERNIERE PARTIE.

MOTIFS ET APPROBATION DU CONSEIL DES ANCIENS.

L'IMPORTANCE des objets et des questions a été aussi vivement sentie par le Conseil des Anciens que par le Conseil des Cinq-cents. C'est pourquoi celui des Anciens a nommé une Commision spéciale (1) pour mieux examiner, pour réfléchir avec plus de recueillement, et approfondir avec plus de certitude. Dans cette Commission deux membres, (les citoyens Portalis et Baudin) se disposent séparément à faire un rapport digne du sujet et des circonstances.

Portalis prononce le sien, le 19 thermidor, en ces termes :

REPRÉSENTANS DU PEUPLE,

UNE résolution du 11 thermidor dernier, intervenue dans les formes d'urgence, porte que les décisions et jugemens rendus par la Haute-Cour de Justice ne sont pas soumis au recours devant le Tribunal de cassation.

La Commission à laquelle vous avez renvoyé l'examen de cette résolution, vient vous sou-

(1) Composée des représentans Portalis, Baudin, Muraire, Tronçon-du-Coudray, Porcher.

I 4

mettre le résultat de ses observations et de son travail.

Elle s'est d'abord occupée de la déclaration d'urgence. Nous lisons dans le considérant qui précéde et motive cette déclaration, que la Haute-Cour de Justice étant sur le point d'être convoquée, il est instant de prononcer sur la question de savoir s'il peut y avoir recours en cassation des jugemens de la Haute-Cour de Justice.

Ce motif n'a pas besoin d'être justifié ; il est assez évident, dans les circonstances, que l'intérêt public et celui des accusés eux-mêmes commandent l'urgence. Votre Commission a donc pensé que l'urgence doit être reconnue.

Nous passons à l'examen du fond de la résolution.

Peut-il y avoir recours en cassation des jugemens de la Haute-Cour ?

Cette question a été dans le Conseil des Cinq-cents, la matiere d'une discussion solennelle et profonde ; elle mérite toute votre attention.

Il s'agit moins de faire une loi que de déclarer un principe. La Constitution fonda-mentale des tribunaux est fixée par la Constitution même de l'État. Personne ne peut être distrait de ses juges naturels ; le droit de tout accusé est de conserver les juges qui lui ont été donnés par une loi antérieure à son délit, et de les conserver tels que cette

loi les lui donne. On ne peut, après coup, et
pour une accusation déterminée, étendre,
restreindre, façonner arbitrairement, et par
une loi nouvelle, l'autorité du tribunal qui
doit juger l'accusé ; des attributions ou
des délégations de pouvoir qui intervien-
draient sur des accusations déjà formées,
seraient évidemment suspectes de partialité ;
elles seraient, selon le langage de l'orateur
romain, des priviléges odieux, plutôt que des
lois.

Dans la grande question de savoir si le
recours compète contre les jugemens de la
Haute-Cour, il faut donc examiner ce qui
est ; c'est-à-dire, il faut consulter les lois
existantes, poser les principes, en déduire les
conséquences, et ne pas s'exposer au reproche
de n'avoir fait qu'une loi révolutionnaire,
qu'une loi de circonstance.

Dans cet objet votre Commission a cru
devoir parcourir les differens points de vue
que je vais mettre sous vos yeux.

Le systême du recours en cassation, que la
résolution condamne, est-il compatible avec
l'institution de la Haute-Cour de Justice, avec
le mode de son organisation, avec la nature
des fonctions qui lui sont attribuées, et avec la
circonstance que cette Cour est un tribunal
unique dans l'État ?

Ce systême est-il conforme ou contraire aux
dispositions de l'acte constitutionnel?

Serait-il praticable dans son exécution ?

Dans un gouvernement républicain, personne ne doit être au dessus des lois; aucune place, aucune fonction, ne doit garantir l'impunité : car, pour que tous soient libres, il importe que personne ne soit indépendant ; l'indépendance d'un citoyen ou de plusieurs ne tarderait pas à produire l'oppression de tous.

De-là c'est un principe constitutionnel parmi nous que tous les fonctionnaires publics peuvent être poursuivis, accusés et jugés pour leurs délits privés et publics ; il n'y a point d'inviolabilité pour les membres du gouvernement ; il n'y en a pas même pour les représentans du Peuple. Cette enceinte est le sanctuaire des lois, elle ne saurait devenir l'asile du crime.

Mais faut-il, qu'à l'instar des autres citoyens, les représentans du Peuple, les membres du gouvernement, soient justiciables des tribunaux ordinaires ?

Dans un tems on a osé le prétendre. Des esprits ardens et bornés diront peut-être que la loi doit être égale pour tous, soit qu'elle protege, soit qu'elle punisse et abuseront ainsi des maximes les plus sacrées.

Sachons que le principe de l'égalité ne doit point être un principe de confusion et d'anarchie : il y aura toujours entre les hommes les différences que le maintien de l'ordre public rend nécessaires entre l'administrateur et l'administré, le justiciable et le juge, le magistrat et le simple citoyen. Tout serait perdu si la nation ne respectait elle-même le pouvoir qu'elle confie, et si elle ne cherchait pas à le faire respecter dans ceux qui l'exercent en son nom.

Deux considérations majeures résistent à ce que les représentans du Peuple et les membres du gouvernement qui délinquent, puissent être traduits devant les tribunaux ordinaires : la dignité du Peuple lui-même, et la sureté des accusés, intimement liée à l'intérêt national.

Il n'y a point d'intermédiaire entre le Peuple et ses représentans ; ceux-ci ne peuvent donc relever que du Peuple ; toute autorité qui n'est pas une émanation immédiate de la souveraineté nationale, n'a donc pas un caractere assez éminent pour les poursuivre, les accuser et les juger.

Les membres du gouvernement n'ont d'autre intermédiaire entre eux et le Peuple que le Corps législatif; ils ne voient donc que le Corps législatif et le Peuple au-dessus d'eux.

Or, aucun tribunal ordinaire, sans excepter le tribunal de cassation, ne peut être regardé comme une émanation immédiate de la souveraineté nationale ; car les différens tribunaux ne sont que l'ouvrage d'une fraction du Peuple, puisque les membres de chaque tribunal, ne sont élus que par l'assemblée électorale de leur département. Le tribunal de cassation est sans doute composé de membres élus dans différens départemens, mais tous les départemens à la fois ne concourent jamais à sa formation; il n'est donc pas l'ouvrage du corps entier du Peuple.

Donc aucun tribunal connu n'a par lui-même le droit de représenter le corps entier du Peuple dans la censure ou la justice à exercer contre des citoyens qui, par leur caractere et leurs fonctions, appartiennent à l'universalité de la nation.

La dignité du Peuple et le maintien de sa souveraineté ne comportent pourtant pas que dans un gouvernement républicain, les représentans de la nation et ses premiers mandataires soient personnellement soumis à une autorité qui ne serait pas directement celle du corps entier de la nation.

La sureté des accusés est la seconde considération qui s'oppose à ce que les représentans du Peuple et les membres du gouvernement soient traduits devant les tribunaux ordinaires, et cette considération est intimement liée à l'intérêt national.

Les hommes qui remplissent de grandes fonctions et qui exercent un grand pouvoir, sont naturellement exposés à l'envie : dans une République surtout, ils sont en butte à toutes les passions, parce que, dans cette espece de gouvernement, l'esprit de liberté fait que l'on supporte plus impatiemment le pouvoir, et que l'on est moins indulgent pour ceux qui gouvernent.

Si les représentans du Peuple, si les membres du gouvernement pouvaient être arrêtés, accusés et jugés par les tribunaux ordinaires, ils pourraient devenir les victimes du mécontentement, de l'inquiétude, de la haine, ou même de la vengeance ; ils ne jouiraient pas du droit qu'a le moindre citoyen dans un État libre, d'être jugé par ses pairs. La fausse application du principe de l'égalité deviendrait pour eux une inégalité extrême, l'abus de la liberté commune serait leur servitude particulière.

Cependant il importe à l'intérêt public que les représentans du Peuple, et ses premiers mandataires ; ne soient pas environnés de piéges, de périls et de crainte ; ils sont la pensée, la volonté et la parole de la nation qu'ils représentent ; ils peuvent souvent déplaire, parce que toujours ils ont à parler et à agir pour la patrie contre les intérêts particuliers : si on pouvait les attaquer légérement, ils rencontreraient à chaque pas des dénonciations et des oppresseurs. Ils ne pourraient plus remplir cette mission avec ce courage, cette sainte hardiesse qui élève l'ame et la dispose aux grandes choses.

Il fallait s'écarter des voies ordinaires, établir des formes et prendre des précautions qui pussent garantir la sureté de ceux qui habitent la région des orages, qui doivent surveiller et diriger le jeu de toutes les passions, sans avoir jamais à en redouter aucune.

Telles sont les hautes considérations qui ont servi de base au plan d'économie politique tracé par nos lois sur la maniere de procédurer et de juger les représentans du Peuple et les membres du Directoire exécutif.

Nous avons dit que les représentans du Peuple et ses premiers mandataires ne peuvent relever que du Peuple lui-même : mais dans un gouvernement représentatif, le Peuple en masse ne saurait directement exercer sa souveraineté; se réservant uniquement le droit d'élire, il délegue celui de régir et de gouverner. Sa main est celle du créateur qui se repose après avoir donné le mouvement et la vie à tout ce qui existe.

Il fallait pourtant trouver des accusateurs et des juges qui pussent agir et prononcer au nom du Peuple.

La Constitution a désigné le Corps législatif pour accuser; elle a dérogé en cette occasion au grand principe de la division des pouvoirs publics, principe d'après lequel il est vrai de dire qu'en général aucune partie de la puissance judiciaire ne doit être unie à aucune partie de la puissance législative.

Dans le Corps législatif le Peuple trouve sa volonté et sa puissance, et le prévenu ses pairs.

A Dieu ne plaise qu'en me servant ici du mot *pairs*, je veuille établir en faveur des députés au Corps législatif des distinctions humiliantes pour les autres citoyens ! je n'attache à ce mot que le sens que l'égalité républicaine comporte. Les pairs d'un accusé sont ceux qui exercent la même profession, qui courent la même carriere, qui partagent les mêmes dangers et les mêmes travaux. Les membres de la législature se glorifieront toujours de vivre dans une vertueuse et honorable médiocrité ; il n'appartient qu'au Corps d'être dans l'élévation et dans la gloire.

Les mêmes hommes ne peuvent former l'accusation et prononcer le jugement.

A qui l'accusation décrétée par le Corps législatif sera-t-elle portée ?

Dans la marche réglée des pouvoirs, on ne peut aller du supérieur à l'inférieur : donc l'accusation ne peut être portée aux tribunaux ordinaires, qui sont inférieurs au Corps législatif.

Pour l'intérêt même de l'accusé, il ne faut pas, quand le Corps législatif accuse, confier le jugement à des autorités subordonnées, qui pourraient être entraînées par l'autorité d'un si grand accusateur.

Nos lois constitutionnelles, pour ne porter aucune atteinte aux principes conservateurs de la hiérarchie des pouvoirs, et aux maximes sacrées qui veillent à la sureté des prévenus, ont établi une Haute-Cour de Justice.

Quelle est l'organisation de cette Cour ? son nom est par lui-même exclusif de tout caractere d'infériorité et de subordination ; il annonce la parfaite souveraineté.

Sa nature est telle, qu'elle annonce une véritable représentation nationale judiciaire, comme le corps dont nous sommes membres est une véritable représentation nationale législative.

En effet la Haute-Cour est composée de cinq juges et de deux accusateurs nationaux tirés du Tribunal de cassation, et de hauts jurés nommés par les assemblées électorales des départemens.

Tout est remarquable dans cette formation.

Les cinq juges et les deux accusateurs sont pris dans le Tribunal de cassation, c'est-à-dire, dans le tribunal qui a le dépôt des formes et des lois, qui prononce sans appel et sans recours, dont les membres sont successivement nommés et remplacés par les assemblées électorales des départemens, et qui se trouve placé au sommet de l'ordre judiciaire.

Les hauts jurés sont annuellement choisis par le corps entier du Peuple, comme les membres du Corps législatif. Il y a autant de hauts jurés que d'assemblées électorales de département. Chaque assemblée électorale en nomme annuellement un.

Le Directoire exécutif n'a point de commissaire près la Haute-Cour de Justice, parce que, justiciable lui-même de cette Cour, il n'a aucune surveillance sur les actes qui en émanent.

Voilà donc une véritable représentation
nationale

nationale judiciaire qui se développe et se montre, avec tous les caracteres inséparables de la souveraineté complette et proprement dite.

Ainsi dans l'ordre fixé par la Constitution, c'est la représentation législative du Peuple qui accuse devant la représentation judiciaire du Peuple ; chacune de ces représentations nationales est souveraine dans sa partie, parce que chacune dans sa partie exerce directement et immédiatement la véritable souveraineté du Peuple lui-même. Elles sont composées d'hommes différens, qui, avec un pouvoir égal sur la matiere respective de leur attribution, n'ont ni les mêmes passions ni les mêmes intérêts ; et c'est l'avantage qu'a le gouvernement représentatif sur la plupart des Républiques anciennes, où il y avait cet abus terrible pour les accusés, que le Peuple lui-même, était en même tems, et juge et accusateur.

Mais ce qui est certain, c'est que, dans le gouvernement représentatif, le corps qui représente, pouvant sur la matiere qui lui est attribuée, tout ce que pourrait le Peuple, est nécessairement indépendant comme lui.

Comment, dans cet état de choses, concevoir l'idée d'un recours en cassation ?

Ce qui est fait par la représentation nationale législative ou judiciaire, est censé fait par la nation. Or, ce recours de ce que fait la nation ou le Peuple, ne pourrait être porté qu'au Peuple lui-même, qui ne reconnaît ni supérieur ni égal.

Le Peuple se montre réellement et tout entier dans les assemblées primaires, et fictivement dans les assemblées ou les corps établis pour le représenter.

Dans les assemblées primaires le Peuple s'est interdit tout objet autre que celui des élections ; il a senti qu'il ne doit pas faire par lui-même ce qu'il ne pouvait pas bien faire par lui-même : lié par sa propre volonté, il ne peut donc rendre ou réformer des jugemens.

D'autre part, le corps entier du Peuple n'est représenté dans l'ordre judiciaire, que par la Haute - Cour de Justice. Ce tribunal est unique dans l'État : aucun autre n'offre les caracteres d'une véritable représentation nationale. Donc la Haute-Cour de Justice n'a point de supérieur ; donc elle doit prononcer sans recours : car le recours suppose des rapports de subordination entre des autorités distinctes et inégales.

Il est donc évident que le système de recours en cassation est inconciliable avec l'essence même des choses.

Les dispositions constitutionnelles démentent encore fortement ce système.

La Constitution renferme un titre exprès, qui a pour titre, *Pouvoir judiciaire.*

Dans ce titre on trouve, après quelques maximes générales, l'organisation successive de la *Justice civile*, de la *Justice correctionnelle et criminelle*, et du *Tribunal de cassation.*

La Haute-Cour de Justice ne vient qu'après,

elle est placée en dehors de la hiérarchie des tribunaux ordinaires ; elle n'a aucune affinité avec eux ; elle existe dans un rang particulier et séparé qui annonce que cette institution forme un tout complet, et doit parfaitement se suffire à elle-même.

Si, dans la conception du législateur, la Haute-Cour eut dû être soumise au tribunal de cassation, on ne l'eût pas rangée hors la ligne des tribunaux, à la tête desquels le Tribunal de cassation se trouve établi.

La Constitution en voulant que les juges de la Haute-Cour soient tirés du tribunal de cassation, décide que ce tribunal n'est qu'un des élémens dont la Haute-Cour se compose. Je sais qu'il ne faut que cinq juges et deux accusateurs pour la Haute-Cour de Justice, et qu'il reste dans le Tribunal de cassation un nombre suffisant de magistrats pour juger : mais, 1° les cinq juges et les deux accusateurs sont choisis, par la voie du sort, sur la totalité des membres qui forment ce tribunal ; tous concourent donc à la formation de la Haute-Cour : 2° des tribunaux différens, formés par les membres d'un même corps, ne forment guere qu'une même puissance.

La Constitution a donc entendu verser le tribunal de cassation dans la Haute-Cour de Justice, au lieu de vouloir subordonner la Haute-Cour de Justice au Tribunal de cassation.

Par l'acte constitutionnel, la Haute-Cour

est instituée pour juger les accusations admises par le Corps législatif, soit contre ses propres membres, soit contre ceux du Directoire exécutif.

Cette attribution seule annonce la pleine souveraineté du tribunal qui en est l'objet.

Les actes du Corps législatif ne sont certainement soumis à aucun recours : or, l'autorité qui juge doit être au moins égale à l'autorité qui accuse. Une même procédure, principalement en matiere criminelle, est un même tout ; il serait absurde que l'accusateur qui, par sa nature, est subordonné au juge, fût plus irréformable et plus souverain que le juge même.

La Constitution ne dit pas qu'il y aura recours des jugemens de la Haute-Cour de Justice. On ne peut suppléer à l'acte Constitutionnel par une extension arbitraire : quelle est l'autorité qui oserait se déclarer supérieure à la Haute-Cour, et s'arroger sur cette Cour des droits que la Constitution n'avoue pas ?

Quelle serait la magistrature à laquelle on porterait le recours en cassation ?

Nous avons vu que le Peuple, dans les assemblées-primaires, s'est interdit tout acte administratif, tout acte législatif, tout acte judiciaire.

Les fonctions de juges sont interdites au Directoire exécutif.

En général le Corps législatif ne peut juger. Les seuls cas où il peut exercer le pouvoir judiciaire , sont lorsqu'il s'agit d'accuser quelqu'un de ses membres, ou quelque membre du gouvernement, et encore dans ces cas son pouvoir se borne à déclarer qu'il y a ou qu'il n'y a pas lieu à accusation.

Indiquera-t-on le Tribunal de cassation ?

Nous avons déjà prouvé qu'il n'a et qu'il ne peut avoir aucune juridiction sur les actes de la Haute-Cour de Justice.

A la vérité la Constitution déclare que ce tribunal est pour toute la République , et qu'il est autorisé à casser les jugemens rendus en dernier ressort par les tribunaux contre les formes et contre les lois. Mais cela ne peut s'entendre que des jugemens par les tribunaux ordinaires dont il est le régulateur.

A l'égard de la Haute-Cour de Justice , le Tribunal de cassation quitte sa propre nature pour prendre une nature nouvelle ; car son caractere propre est de connaître uniquement de la violation des lois et des formes sans pouvoir se mêler du fond des affaires. Dans la Haute-Cour il est appelé pour être juge du fond : je dis que c'est le tribunal entier qui est appelé, puisque c'est parmi tous les membres du tribunal, comme je l'ai déjà observé . que l'on choisit par la voie du sort ceux qui doivent juger dans la Haute-Cour.

Personne ne peut dépendre de soi, *nemo sibi servit*. Le même tribunal ne saurait donc être dans une même affaire juge et régulateur , ou réformateur de son propre jugement.

Dira-t-on que les juges sur lesquels le sort ne sera pas tombé, pourront prononcer sur le recours en cassation ? mais en matiere de juridiction, l'égal n'a point d'empire sur son égal. Les juges qui restent dans le tribunal ne peuvent donc devenir les régulateurs suprêmes des jugemens rendus par ceux de leurs collegues qui en sortent momentanément par une prérogative attachée au tribunal même.

Veut-on dévorer toutes ces absurdités ? le systême du recours serait encore physiquement impossible dans son exécution.

Supposons un jugement de la Haute-Cour cassé. Le Tribunal de cassation ne pourra retenir le fond ; cela lui est interdit dans tous les cas sans exception. Il sera forcé par la Constitution de renvoyer à une nouvelle Haute-Cour de Justice, puisque par la Constitution les représentans du Peuple et les membres du gouvernement ne peuvent être jugés que par cette cour. Or, où prendra-t-on les nouveaux juges ? on ne peut les prendre que dans le tribunal de cassation. Il arrivera donc que le tribunal de cassation qui est obligé de renvoyer, parce qu'il ne peut dans aucun cas, et moins encore dans celui-ci, retenir le fond, deviendra juge nécessaire du fond, parce que la Constitution prend dans son sein les juges de la Haute-Cour.

On dira peut-être que les juges qui auront prononcé la cassation, et ceux dont le jugement aura été cassé, ne seront plus tirés au sort : mais alors le tribunal ne sera plus complet. Il sera peut-être réduit à moins de la moitié, suivant le nombre de juges qui auront concouru à l'admission de la demande en cassation, et ensuite à la cassation. Le choix à faire roulera sur un nombre infiniment retréci. Or, cela est-il bien conforme à la lettre et à l'esprit de la Constitution, qui suppose le concours de tous les membres qui composent le tribunal ?

Il a plus : s'il y a eu partage sur la demande en cassation, comme toutes les sections du tribunal se réunissent pour vider ces sortes de partages, il peut arriver qu'il ne reste plus ucun juge.

Indépendamment de l'hypothese du partage, les mêmes inconvéniens peuvent se vérifier, s'il y a une seconde demande en cassation.

En continuant de raisonner sur la supposition d'un jugement cassé, il faudra attendre, pour la formation de la nouvelle Cour, que les assemblées électorales, ayent nommé de nouveaux jurés. Les assemblées électorales ne peuvent s'assembler qu'une fois l'année : les mêmes jurés pourront être réélus dans plusieurs assemblées électorales, et même dans toutes. Au grand préjudice de l'accusé et de l'ordre public, les longueurs pourront devenir interminables.

Le système du recours est donc aussi impraticable dans son exécution, qu'absurde dans son principe et en lui-même.

Mais, dit-on, peut-il exister dans un gouvernement libre une autorité indépendante, maîtresse de violer les lois et toutes les formes ? la revision, le recours n'est-il pas de droit en matiere criminelle? les juges et les hauts jurés de la Haute-Cour ne sont-ils pas sujets au mêmes erreurs et aux mêmes passions que les autres hommes ?

Pourquoi les représentans du Peuple et les membres du gouvernement ne jouiraient-ils pas des droits garantis aux moindres citoyens ?

Ne faudrait-il pas au moins admettre le recours pour les citoyens qui seraient accusés d'être les complices d'un représentant du Peuple ou d'un membre du gouvernement, et qui auraient la faculté de se pourvoir en cassation, s'ils n'avaient point été distraits de leurs juges naturels ?

Ces objections ne sauraient détruire les principes.

L'institution d'un tribunal de cassation est sagement établie dans nos mœurs : il faut que les citoyens obéissent aux magistrats, et que les magistrats obéissent aux lois.

Mais, dans les gouvernemens les plus libres, il est un terme à tout. La souveraineté nationale est ce dernier terme dans les Républiques, comme la souveraineté du monarque l'est dans les monarchies. Il n'y a point de recours contre les actes du Corps législatif, contre ceux du Directoire exécutif dans l'administration, contre les jugemens du Tribunal de cassation. Il n'est donc pas étonnant qu'il n'y ait point de recours contre les jugemens de la Haute-Cour de Justice, qui représente sans moyen la souveraineté du Peuple.

Mais, que l'on ne s'alarme pas sur les procédés de cette Cour.

Nous savons que les membres qui peuvent la former sont sujets à l'erreur et aux passions. Il n'y a qu'une fausse philosophie qui puisse imaginer des institutions sans défauts et des hommes sans faiblesses.

Mais les erreurs et les passions sont moins à redouter dans l'espece de magistrature dont il s'agit, que dans toute autre.

D'abord cette magistrature n'est point permanente ; elle est invisible et nulle, à moins que quelqu'affaire imprévue n'en solli-cite et n'en exige la convocation.

On comprend qu'une autorité qui est toujours présente et dont l'exercice est conti-nu, peut corrompre à la longue ceux à qui elle est confiée. Si cette autorité n'était sur-veillée par un régulateur, elle pourrait devenir violatrice et oppressive. Delà les appels, les recours pour réparer une première erreur, pour prévenir les écarts et les abus plus graves peut-être que l'habitude d'un pouvoir souve-rain et indépendant peut entraîner.

Les mêmes dangers ne sauraient accompa-gner une magistrature qui n'a aucune juridic-tion ordinaire à exercer, qui ne se montre que dans quelques occasions rares, et dont l'existence ne se fait presque pas sentir.

Les membres des tribunaux ordinaires ne peuvent généralement être aussi bien choisis que ceux de la Haute-Cour de justice. Ils sont pris dans un cercle plus resserré et ils sont plus nombreux. Il est donc bien difficile de ne pas rencontrer des hommes au moins médiocres. Les juges de la Haute-Cour sont tirés du tribunal de cassation, qui se compose des hommes les plus instruits des départemens, et dans lequel on contracte l'habitude salutaire de maintenir l'observation des formes, et de regarder, comme la premiere loi, l'obligation sacrée de respecter les lois. Les hauts jurés sont choisis dans toutes les parties de l'empire. Chaque assemblée électorale n'en nommant qu'un, il lui est plus aisé de fixer son choix sur quelque citoyen distingué par son courage, ses vertus, ses lumieres.

Un accusé trouve donc dans l'organisation de la Haute-Cour de Justice, une garantie que l'on ne rencontre pas ailleurs.

Loin d'ajouter à cette garantie, la voie du recours en cassation, si elle était ouverte, ne pourrait que l'affaiblir.

En effet, quels seraient les effets du droit de recours ?

Il mettrait la Haute-Cour de Justice sous la dépendance d'un tribunal déjà mutilé par les extractions des juges tirés de son sein pour former la premiere Haute-Cour; d'un tribunal

respectable sans doute, mais moins imposant;
d'un tribunal que le gouvernement pourrait
influencer par la voie de son commissaire ;
d'un tribunal enfin dont les membres toujours
présens ont pu être travaillés de longue main
et qui par sa position et sa responsabilité
peut être plus exposé à l'intrigue et au décou-
ragement.

Les nouveaux jurés qui remplaceront les
premiers, seront choisis d'une maniere plus
suspecte. On agitera les assemblées électorales.
L'esprit de parti fera disparaître l'esprit de
justice : car les choix sont ordinairement sages
et bons, quand aucune vue particuliere ne
donne l'éveil à la malveillance, quand on
choisit, abstraction faite de toute hypothese
particuliere : alors on est impartial, parce
qu'on est désintéressé. Tout change si on a
la perspective d'une affaire déterminée : alors
les passions agissent, et l'impartialité disparaît.

Loin d'avoir à redouter l'indépendance de
la Haute-Cour de justice, c'est cette indépendance même qui seule peut faire la sureté de
l'accusé.

Si on peut recourir des jugemens de la
Haute-Cour, on pourra en attaquer les juges.
En conséquence ils seront toujours plus
préoccupés de leur propre salut que de celui
de leurs justiciables.

La nature des affaires dont la connaissance
appartient à la Haute-Cour, est telle, qu'elles
remuent presque toujours de grandes passions,

et qu'elles excitent de grands intérets. Si les juges courent les risques d'être froissés par les factions et les partis, comment conserveront-ils ce courage qui est si nécessaire dans l'exercice de leur ministere, et qui n'est, dans chaque homme, que le sentiment de ses propres forces ?

En donnant à l'accusé le droit de recours, le refuserait-on aux accusateurs nationaux ? On le devrait sans doute : car c'est un principe de justice et d'humanité qu'un absous ne peut plus pour le même fait devenir l'objet d'un nouveau jugement. Mais des exemples récens prouvent que ce principe peut être méconnu ; et s'il l'est jamais, que deviendra un malheureux accusé, poursuivi par des ennemis puissans, opprimé par des procédures interminables, et souvent livré à la fureur des cabales?

Il importe donc que la Haute-Cour soit indépendante de toute autorité, et qu'elle puisse avec la même certitude protéger l'innocence et frapper le crime.

Que l'on ne dise pas que les représentans du Peuple et les membres du gouvernement, seront, dans notre systême, privés des droits dont jouit le moindre citoyen. Comment ne seraient-ils pas rassurés par les formes établies par la Constitution ? Si on les dénonce, la dénonciation est mûrement pesée par le Conseil des Cinq-cents avant que d'être admise. Le même conseil examine ensuite s'il y a lieu à examen. Le prévenu est entendu : s'il est renvoyé au Conseil des Anciens pour l'accusation, il est entendu encore ; il peut trouver autant de défenseurs que de juges ; ses intérêts sont discutés comme pourrait l'être une affaire d'État. On apporte dans cette discussion autant de lenteur et plus de solennité que dans la formation même des lois.

Ce n'est qu'après tous ces préalables imposans que l'accusé est renvoyé à la Haute-Cour, s'il y a lieu, et nous n'avons plus besoin d'insister sur les avantages de l'organisation de cette Cour, formée par la confiance nationale, revêtue de toute la majesté du Peuple qui en choisit les membres, et sagement instituée pour juger les justices.

On objecte que les simples citoyens présentés comme complices d'un membre du gouvernement ou d'un représentant du Peuple auraient le droit de recours, s'ils n'étaient pas arrachés à leurs juges naturels, et qu'ils ne sauraient sans injustice être privés de ce droit, vu que d'ailleurs ils ne participent pas. pour l'accusation, au bénéfice des formes établies pour les membres du gouvernement et pour les représentans du Peuple.

Nous répondrons que les co-accusés au nom desquels on parle ne peuvent imputer leur sort à aucun abus d'autorité : ils sont ici sous la dépendance des choses, et non sous celle des hommes.

Tout est indivisible en matiere criminelle. Tout doit l'être : il est donc impossible de séparer les prévenus d'un même délit.

Dans cette impossibilité quelle est la regle? l'intérêt public la fixe. Il ne saurait permettre que la garantie promise aux membres du gouvernement, aux représentans du Peuple, par des considérations, soit sacrifiée à des vues moins importantes. Dans le concours des deux intérêts opposés, la préférence est acquise à celui qui tient de plus près au maintien du bon ordre et aux droits de la nation.

D'ailleurs, c'est une erreur de prétendre que l'intérêt d'un citoyen soit blessé par son renvoi à la Haute-Cour de Justice. Si par devant ce tribunal il est jugé sans recours, ne l'est-il pas aussi avec plus d'appareil et des précautions plus rassurantes ? les inconvéniens ne sont-ils pas amplement compensés par les avantages ?

Le citoyen dont il s'agit n'aura pas été accusé avec les mêmes formes et par la même autorité que le représentant du Peuple. cela est vrai ; mais en matiere criminelle, les accusations contre des prévenus d'un même délit peuvent être divisées, quoique leur jugement ne puisse pas l'être.

Le Corps législatif n'a que le droit d'accuser ses membres et ceux du Directoire.

Il était donc impossible dans les premiers pas de la procédure de rendre commun le sort de tous les accusés ; les lois y résistaient, et nous ne devons pas être plus sages que les lois.

Au surplus, le préjudice d'une accusation

illégale et injuste n'est jamais irréparable. Le tribunal qui juge peut toujours corriger les erreurs du tribunal qui accuse, conséquemment les choses deviennent entieres, et l'innocence ne manque jamais de moyens pour triompher.

Mais qu'est-il nécessaire d'insister davantage sur des objections qui se détruisent d'elles-mêmes ?

La résolution dont vous avez confié l'examen à votre Commission, porte que l'on ne peut recourir au tribunal de cassation des décisions et des jugemens de la Haute-Cour de Justice.

Nous avons prouvé que le systême du recours est incompatible avec le but de l'institution de la Haute-Cour, avec le mode de son organisation, avec la nature des fonctions qui lui sont attribuées, et avec la circonstance que la Haute-Cour est un tribunal unique dans l'État.

Nous avons prouvé que le systême du recours est contraire aux dispositions de l'acte constitutionnel, qui est dangereux et même impraticable dans son exécution et par toutes ces considérations.

Les membres de votre Commission ont pensé unanimement que le Conseil devait approuver la résolution.

Le Conseil ordonne l'impression du rapport de Portalis et ajourne la discussion, et cependant donne sa premiere approbation à la résolution.

Tel satisfesant qu'eût été trouvé ce rapport, le citoyen Baudin prononça le sien dans la séance du 20 thermidor. Il releve quelques imperfections dans le systême de la résolution; indique des lacunes, et fait sentir la nécessité d'expliquer quelques motifs restés absens. Il conclut néanmoins à l'approbation de la résolution.

Le Conseil approuve une seconde et dernière fois la résolution.

Séance du 24 Thermidor.

LE Tribunal de cassation annonce au Conseil que lecture lui ayant été faite de la proclamation du Corps législatif, qui convoque la Haute-Cour de Justice, il a ordonné qu'il fût sur le champ procédé à la formation de la liste des cinq juges pris parmi ses membres pour composer la Haute-Cour.

Séance du 25 Thermidor.

LE Tribunal de cassation a procédé dans les formes prescrites par la Constitution, à la nomination des juges et des accusateurs.

Les Juges sont les citoyens Pajon (de Loir et Cher), Moreau (d'Indre et Loir), Coffinhal (du Cantal), Gaudon (d'Isle et Vilaine), et Audier Massillon.......

Les accusateurs sont les citoyens Vieillard (de Marne), et Bailly (des Ardennes).

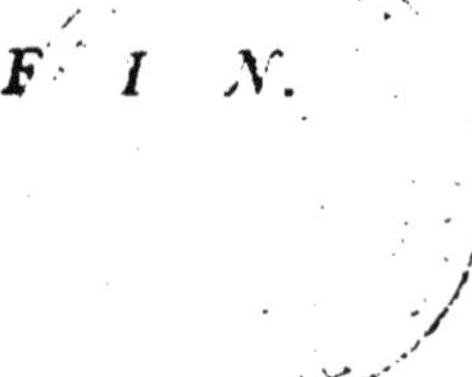

F I N.

TABLE

DES TITRES ET OBJETS.